おもしろサイエンス

枕と寝具の科学

久保田博南・五日市哲雄［著］

B&Tブックス
日刊工業新聞社

はじめに

「爽快な朝の目覚め」はどうしたら得られるのでしょう。この課題に挑戦したのが、本書の最大の目的です。

眠りが良質なら、より健康的な生活が送れる可能性が高くなります。「眠りは活動の源泉」なのです。熟睡後の快適さはだれでも経験することです。逆に、不眠や寝不足、また、質の悪い眠りの後は、仕事や活動の能率が下がることも事実です。

人間は、誕生以来、常に前を向いて活動してきました。そのための基本となるのが「眠り」であって、両者は切り離しては考えられないのです。その意味からすれば、睡眠と活動はバランスを取り合った「二人三脚」の関係でもあります。というより、その両者が一体となって初めて、「充実した生活」が成り立つといえます。

つまり、生理的・現象的にみれば、「眠り」と「活動」は裏表とも見えますが、その一方だけが「うまく行く」状態とはなりません。これらは、相互に支えあい、「良い眠り」が「良い活動」を生み、「良い活動」の後には「良い眠り」が訪れます。

本書の狙いどころは、よりよい生活を望むことにつき、その一方法論として眠りに焦点を当てています。これは、とりもなおさず、「積極的、前向きの生活」を目指していることに置き換えられます。

そこで、具体的な本書の目的について記述しておきます。それは、「寝具を主題にした睡眠のあり方」であり、「快適睡眠の勧め」です。

まず第1章では、睡眠そのものの生理や「眠る原理」というような「眠りの本質」に迫ってみました。第2章から第5章が本論ともいうべきところで、実際のより良い眠りのための寝具についての概説です。「枕、布団、ベッド、マットレス、寝間着」などに分け、それぞれ進化の過程や工夫などを通した理想像なども提供しています。

最終の第6章は、これらのまとめ的な要素も入れて、睡眠の環境について解説しています。睡眠そのものとの関連も含めていますので、第1章と重なる部分はありますが、こちらは実践的方法論という立場から説明しています。

したがって、本書のベースには常に「安眠への誘い」という基本目的が存在しています。これらの中から、読者ご自身の睡眠への興味が引き出せるなら、執筆者としての目標が達せられることになります。というより、ぜひともそうあってほしいと願っています。

これが本書執筆の動機でもあり、日刊工業新聞社の「おもしろサイエンス」シリーズの一冊として加えられることにつながりました。久保田博南と五日市哲雄は、前著『磁力の科学』に引き続いて、共同執筆の任に当たりました。本書も前著と同様、同社・出版局、藤井浩氏から的確なサジェスチョンをいただき、完成する運びとなりました。貴重な執筆の機会を賜った同社並びに同氏に対して、心からの謝意を捧げます。

2017年・早春　　共著者の一人として　久保田博南

おもしろサイエンス
枕と寝具の科学
目次

第1章 人間はなぜ生涯の3分の1も眠って過ごすのか

第2章 人はなぜ枕を必要とするのか

第3章 快眠をよぶ布団へのこだわり

第4章 快眠をもたらすベッドとマットレス

第5章 寝間着も大事な睡眠の要素

第6章 良く眠る（熟睡）ための環境づくり

Column

第1章

人間はなぜ生涯の3分の1も眠って過ごすのか

1 眠るのは脳機能の限定的な休止で、停止ではない

〝ヒトはなぜ眠るのか?〟、というより〝動物はなぜ眠るのか?〟という設問からはじめましょう。

まずは「人体の中でどこが眠るのか」ということから考えてみます。ふつうは、だれもが「脳」と回答するでしょう。

日本睡眠学会では、睡眠〈眠り〉とは「人間や動物の内部的な必要性から生まれる意識水準の一時的な低下現象」と説明しています。その対極にあるのが「覚醒〈目覚め〉」です。ということは、必ず覚醒可能という条件がついていて、「麻酔」や「昏睡」とは区別されているわけです。さらに、冬眠などの特殊な不活動状態も正常な眠りとはいえません。また、「内部的な必要性」という意味がやや理解しにくいですが、「催眠」や「薬物による意識の低下現象」は「睡眠」とは別のものというわけです。

この説明からすれば、一時的な意識の低下を起こす器官としての「脳」が眠るのだということになります。眠ってどうなるのかという疑問が誘発されるかも知れませんが、それこそ「脳のため」に眠ることになります。もちろん、覚醒したときの「活性化」を促すためにです。脳は自分を「活性化」するために、自ら「休む」というわけです。

それでは、脳が眠るとして、体の他の部位はどうなっているのでしょう。少なくとも、普通は目をつぶって眠るので、目も眠るといえそうです。それでは耳は?と問われれば、小さな音なら聴こえなくな

睡眠の大まかなメカニズム

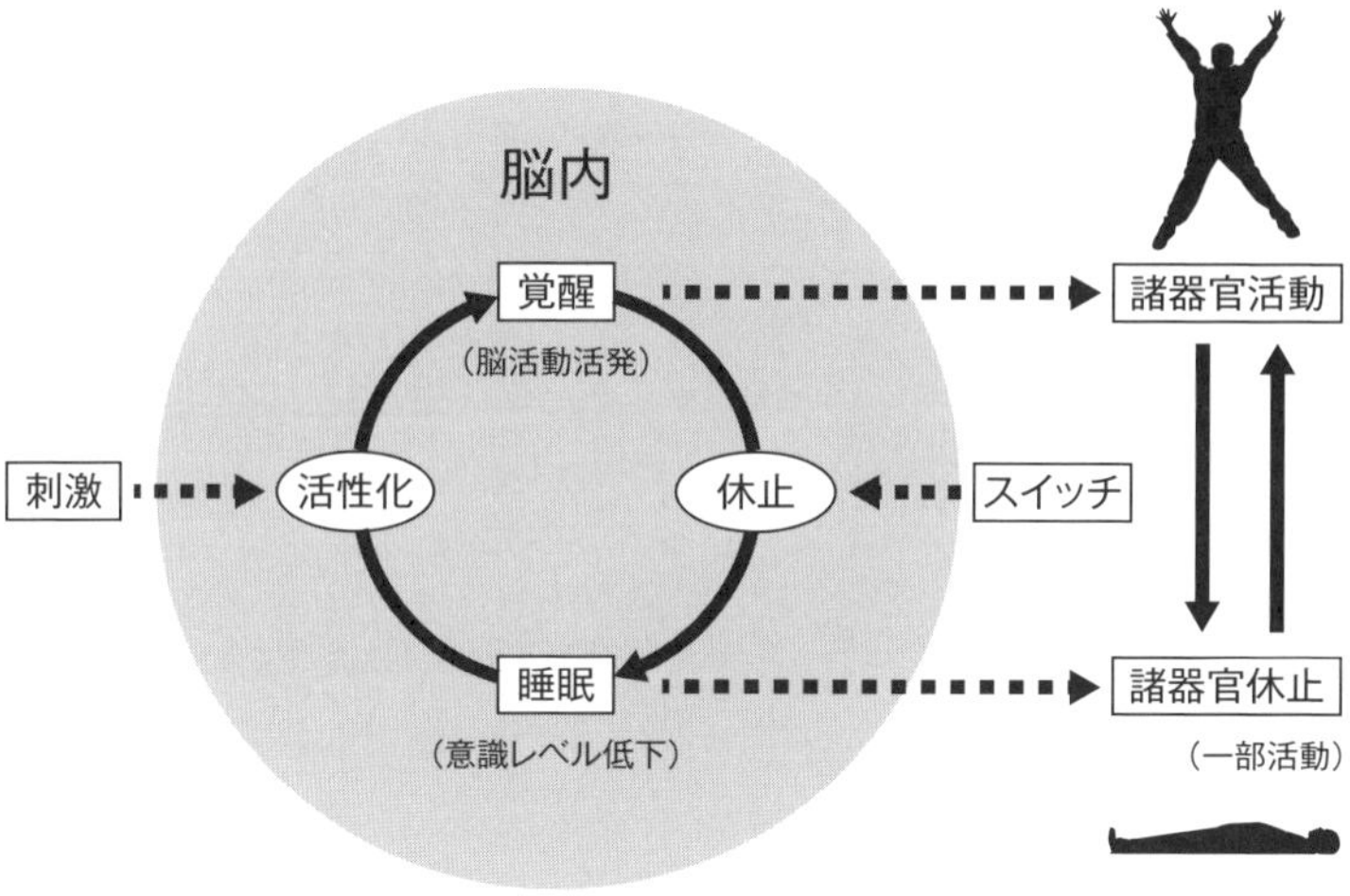

るので、「耳の聴覚意識の低下」もありそうです。それに、鼻や口、また喉といったあらゆる部位の「機能低下」がありそうです。脳が眠れば、それに付随して脳神経系の休息につながり、結局は体全体が休むということになります。

大雑把な表現をするなら、睡眠は脳機能の低下であって、停止ではないということになります。その証拠に睡眠中にも夢を見ますし、レム（Rapid Eye Movement）睡眠といわれる状況下では、文字どおり眼球を早く動かす司令塔として働いています。

ところで、脳がゆっくり休んでいても休まない器官があります。少なくとも、意識に関係ない不随意筋が支配する器官に限っては、活動を続けています。例えば、消化器系の内臓などです。また、心臓や肺は就寝中でも動き続けています。いうなれば、睡眠といえども、体全体の休息ではないのです。

2 眠りのスイッチはどこにあるのかを知りたいが…

次に「眠りのスイッチはどこで入るのか?」という問いにはどう答えるのでしょうか。一体、「どのようなメカニズムで、覚醒から眠りに移るのか?」、という問題に置き代えられます。さらには、「あなたは、自分の意志で眠れますか?」と問われたら、どう答えるのでしょうか。

たぶん、人によって違った答えが出てくるでしょう。単純な答えにならないはずです。というのは、ふつうなら「眠くなれば自然に眠れる」からです。ところが、すぐに「眠れ」と命令された場合などを考えると、「さて困った」ということになります。

おそらく、「意思が働くと眠れない」ということになるからです。眠ろうとすればするほど眠れないという経験をお持ちの読者も多いことでしょう。そうなると、自分では眠りのスイッチを入れることができないということになります。

さらに厄介なのは、「眠りのスイッチオン」状態を、本人が確認不能なことです。自分でスイッチが入れられない、そのうえスイッチが入ったことも確認できないのです。自覚できるのは、「スイッチが入っていない」ことだけなのです。

それでは、誰かにスイッチを入れてもらうために、どうすればいいのでしょう。ごく無難な答えは「目を閉じる」ことが前提となります。目をつぶって光刺激を遮断することでしょう。また、静かな環境にするために、窓やドアを閉めて音を遮断するこ

眠りのスイッチはあるのか

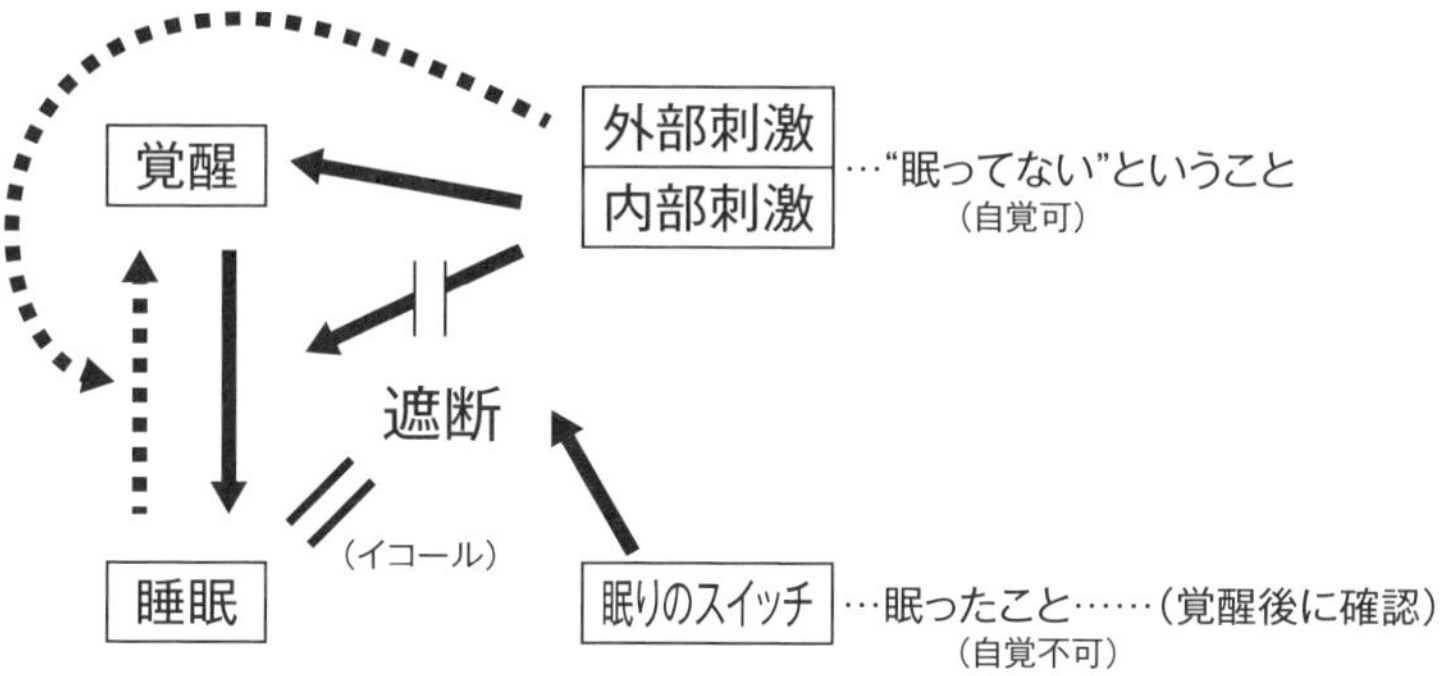

とでしょうか。さらには、部屋の温度を快適にしたりします。

このような「外部刺激の遮断」は、だれでも思いつきます。しかし、それだけではないようです。自分の心の中の「内部刺激」ともいうべきものも遮断しなければなりません。これはそう簡単でないことも経験があるはずです。

つまり、感覚系や刺激系の遮断だけでは十分でないことがわかります。それには一理あっても「それだけでスイッチは入らない」のです。一つだけいえることは、「眠りのスイッチが入ると刺激の遮断ができる」ということになります。眠りを誘うための刺激の遮断は意のとおりになりませんが、逆に「睡眠によってこそ意識の遮断（または低下）が可能」ということなのです。

こうなると、「どうしたら眠れるか」ということを「真剣に」考えなくてはなりません。

3 眠りのスイッチの入れ方を工夫しよう

前項の「刺激の遮断」は、入眠のための有効な手段としてあげられます。しかし、内部刺激の遮断をどうするかというのが重要課題です。

これはかなり難題ですが、具体的な一つの事実から、ヒントが得られるかも知れません。それは、「幼児と動物に不眠症はない」という事実が存在することです。おそらく、内部刺激に当たるものがないのか、あったとしてもごく少ないのではないでしょうか。そのことから学べることは、「幼児に戻ったふりをする」ことでしょう。とはいえ、そんな真似ができるのでしょうか。余計な心配をせず、ストレスになるものを排除して、「明日は明日の風が吹く」と考えるのも一法かも知れません。

また、不眠解消法の一つに「寝酒」という手段を用いている人たちが大勢います。もちろん、個人の問題ですので、それで安眠できるならOKというべきでしょう。ただし、深酒によるリバウンドには十分な注意が必要です。眠るだけならそれですみますが、中途覚醒の可能性も増えるのです。

また、適度の運動をすることによる、ある程度の身体的な疲れも重要です。睡眠の目的の一つが「疲労回復」にあるので、その目標達成に向けて睡眠を誘導することができます。

このことは、内部刺激の遮断にも当てはまります。適度な疲労というのは、精神的な面でも必要なのです。昼間に充実した仕事をしていれば、眠る前

眠りへの誘いのために

外部刺激の遮断（環境整備）	光	消燈、瞼を閉じる…
	音	ドアを閉める、ラジオを消す… 静かな音楽（BGM）を聴く
	温度	頭寒足熱、室温の調節
	その他	芳香剤（香水、線香）など
内部刺激の遮断（心の準備）	（自主努力）	童心に帰る ストレスの排除 リラックス（適度な飲酒）…
	（医療依存）	精神安定剤・睡眠薬
体調管理	・適度な運動による適度な疲労 ・適切な食事（刺激物の排除など） ・生活リズムの調整…	

に自分の心にも「今日はよく頑張ったね」といってあげられるわけです。自分の緊張を解くための自己暗示の手段、ともいえるでしょう。

上表に、これらの事項を列挙してみました。

以上が精神論ですが、論理的なスイッチについても記しておきましょう。医学的な見地からすれば、脳内の松果体から分泌されるホルモン・メラトニンの存在が確認されています。メラトニンは、「睡眠ホルモン」という呼ばれ方もしますので、眠りのスイッチを入れる主人公だともいえます。

興味深いのはメラトニンの役割ですが、その分泌が夜になると活発になるという性質をもっています。しかも、このホルモンは副交感神経を優位にし、リラックスした気分にさせる役目もあります。眠りを誘うホルモンこそメラトニンなのです。

ここで注意しなければならないのが、外部刺激、とくに目から入る光刺激との関係です。目の奥に視

入眠のスイッチを探す

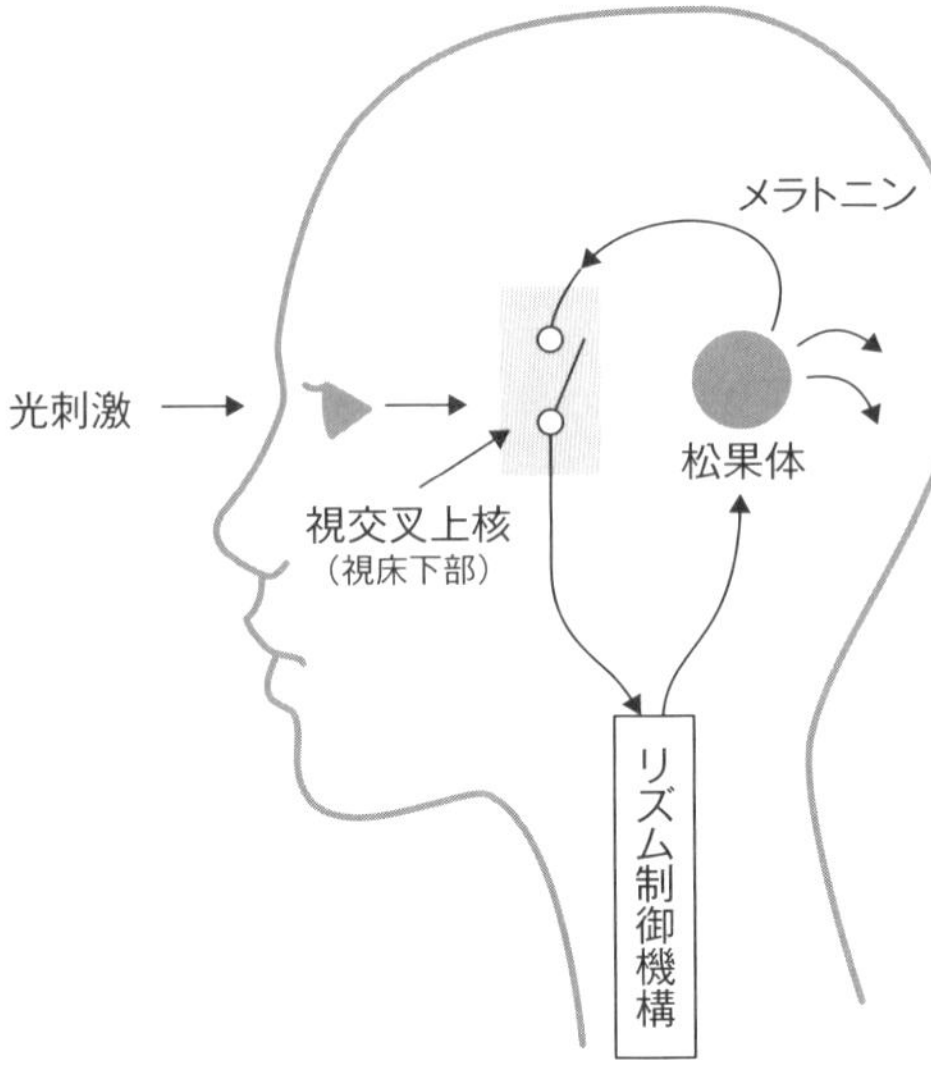

床下部という部位があり、この中に視交叉上核（SCN）領域があります。ここに光刺激も入り、メラトニンも作用するのです。つまり、覚醒と睡眠をコントロールする中枢と考えればよいでしょう。

SCNは、「眠りを妨げる要素」である光と、「眠りを促進する要素」であるメラトニンによって、眠りのリズムを生み出す場所なのです。

SCNの存在が視床下部というところに位置していることも、我々に「目と眠りの関係」という大きな示唆を与えてくれています。端的にいうなら、眠りというメカニズムの大きな部分を、特別に視床下部が担っているということを直に教えてくれるからです。

ここではメラトニンと光に限って説明しました。しかし、睡眠と体温もかなり関係の深い要素であることもわかっています。就寝中は体温が低く、日中は体温が高くなることはよく知られている事実です。

4 眠りの過程から、その法則・効用を探ると

まずは、次ページの図の睡眠経過表（ヒプノグラム）をごらんください。おそらく、目にしたことがあるグラフかも知れませんが、いくつか注目すべき点があります。

このグラフはごく一般的なサンプルで、４つの眠りの周期と４段階の眠りの深さが示されています。睡眠の周期は約90分で、一晩のうちに４回程度の周期をもっていますので、平均の睡眠時間は６〜８時間ということになります。一回の周期内では、眠りの深さの変動がみられます。注目点は第一周期にあります。この周期にだけ、眠りの深さのレベルが４となり、一番深い眠りが現れます。

その後、眠り始めから１・５時間くらい経過すると、眠りが浅くなり始めます。このとき、瞼は閉じているままなのに、眼球だけがクリクリと動いている状態が観察されます。これがいわゆる「レム睡眠」の状態であり、１９５３年にアメリカのアセレンスキーが寝ている子供の状況を見て発見に至ったものです。

レム睡眠に対して、それ以外の比較的深い眠りの状態はノンレム睡眠といわれます。睡眠周期の90分というのは、実際には眠りの深さの周期で、ノンレム睡眠とレム睡眠の周期を表しています。したがって、90分間隔でレム睡眠となるわけですが、やや不思議に感じることは、眠っているさなかになぜ眼球が動く必要があるのかということでしょう。

ヒプノグラムー睡眠経過図

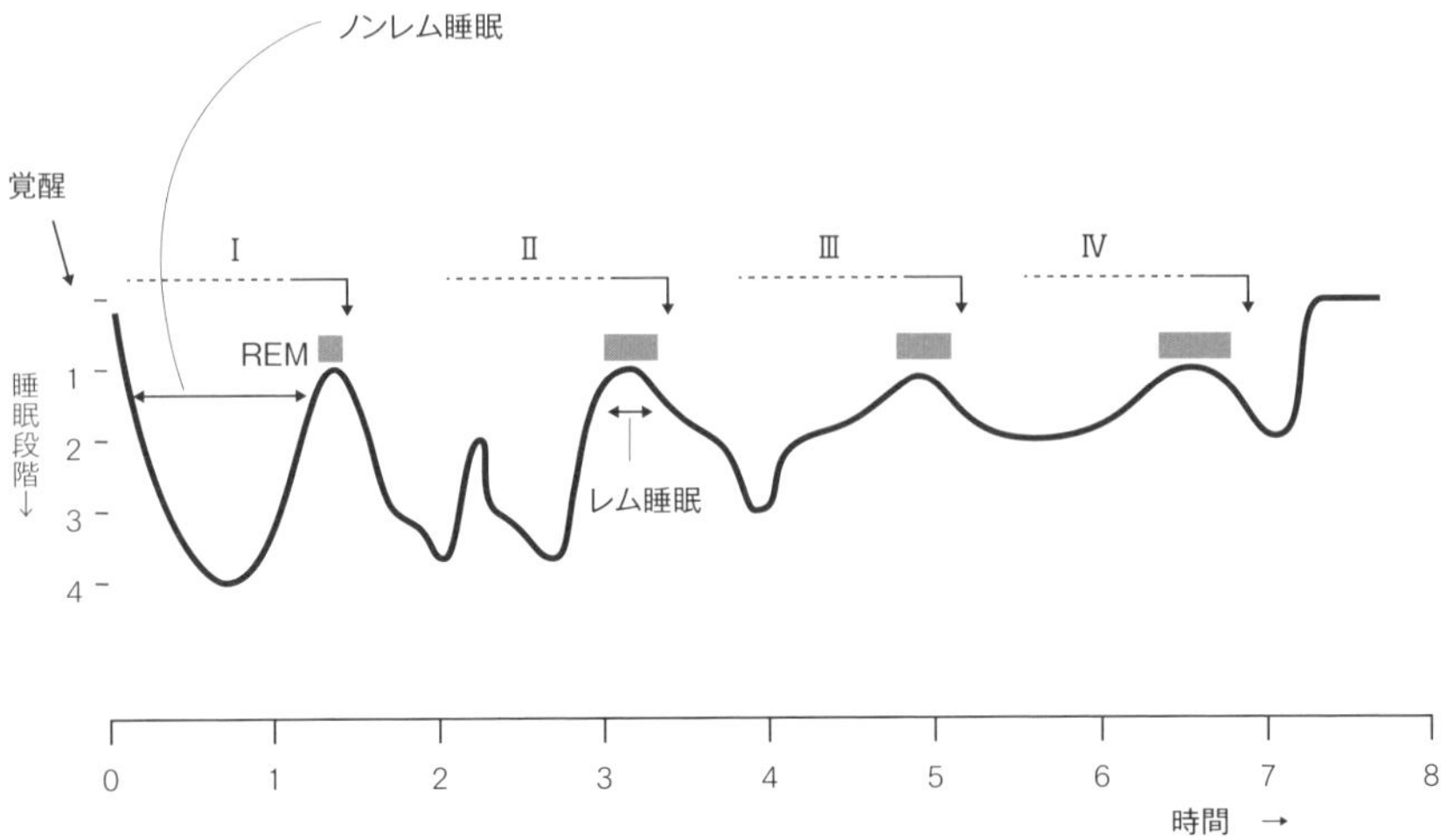

ふつう人間は、あまり理屈に合わない余計な活動はしません。そう考えると意味のなさそうな睡眠中の眼球運動はどうも腑に落ちない、というのが大方の感想かも知れません。

レム研究の教えとして、90分周期は脳の休息と活性化の両方の目的だという説があります。それによると、いったん深い眠りになり、脳が休みを取り終えると、脳活動を活性化する必要性が生じるというものです。

なぜ目が動くのかに対する一つの回答は、「眼球を急速に動かすことにより、低下していた脳活動を復活させる役目」というわけです。

前項で、睡眠と視床下部が非常に深い関係にあることを述べました。眼球が急速運動すれば、脳活動や睡眠コントロールに直結することが容易に類推できます。

また、レム睡眠時には夢を見ていることが多い、という報告もあります。確かに睡眠レベルは浅い状態ですので、夢とレム睡眠が結びついても不思議ではありません。

夢はどうして見るのかというからくりは、完全に説明されているわけではありません。しかし、いくつかのわかっている事実を示めすと、何かのヒントが得られるかも知れません。

少なくともいえることは、夢自体が記憶の断片だということでしょう。断片という意味は、時間的、空間的な両方を含みます。夢の中では、昔と今が入れ替ったり、外国の土地が日本の中にあったりすることから、記憶の断片化が生じていることがわかります。ちょうど、パソコンのデフラグにも似て、断片化された記憶を並べ替えているような現象と考えればよいでしょう。ただし、パソコンとの違いを一つあげるとすると、人間の記憶はいったん忘れていたことも「ふと思い出す」という再生化現象があり、これがパソコンのメモリー消去とは異なるところです。

このように、夢は人間の記憶に対して、整理を行っているともいわれています。実際のできごとの順序を入れ替えると、思わぬアイデアにたどり着くという幸運を手にすることもありえます。こうした事実から、夢の効用を唱える説も出ています。

人間の睡眠は
90分サイクルで
その間に夢をみたり
するんだね！

5 サーカディアンリズムは、なぜ25時間なのか

眠りと覚醒の周期変動はサーカディアンリズムと呼ばれます。人間生活の基本周期であるともいわれ、25時間というのが定説となっています。地球の自転から割り出された24時間でなく、それより1時間も長いというのはなぜなのでしょうか。

その前に、サーカディアンリズムとはいったい何なのかということから始めることにしましょう。

サーカディアンリズムは、英語のCircadian Rhythmで「概日リズム」と訳されています。動植物などすべての生物が有する生理現象の周期的変動であり、よく「体内時計」という言葉で置き換えられます。概日とは約1日24時間という意味ですが、サーカディアンリズムとするとおおよそ25時間というわけです。

本来、日の出とともに活動開始となり、日の入りとともに休息・睡眠という生活をしてきた人類にとって、いわば生活そのもののリズムとして定着したと考えられます。ですから、例えば、穴蔵など暗闇の中で強制的に日光から遮断された生活を余儀なくされると、本来の人間の有するリズムが計測できます。その結果得られた答えは、約25時間という数字でした。

この結果の理由は、いくつか考えられます。本来、人間の持っている体内時計、すなわち生活リズムは、もとはといえば、太陽の運行時間を基準としているわけです。しかしながら、そうならない一つ

サーカディアンリズムが24時間より延びる傾向の理由

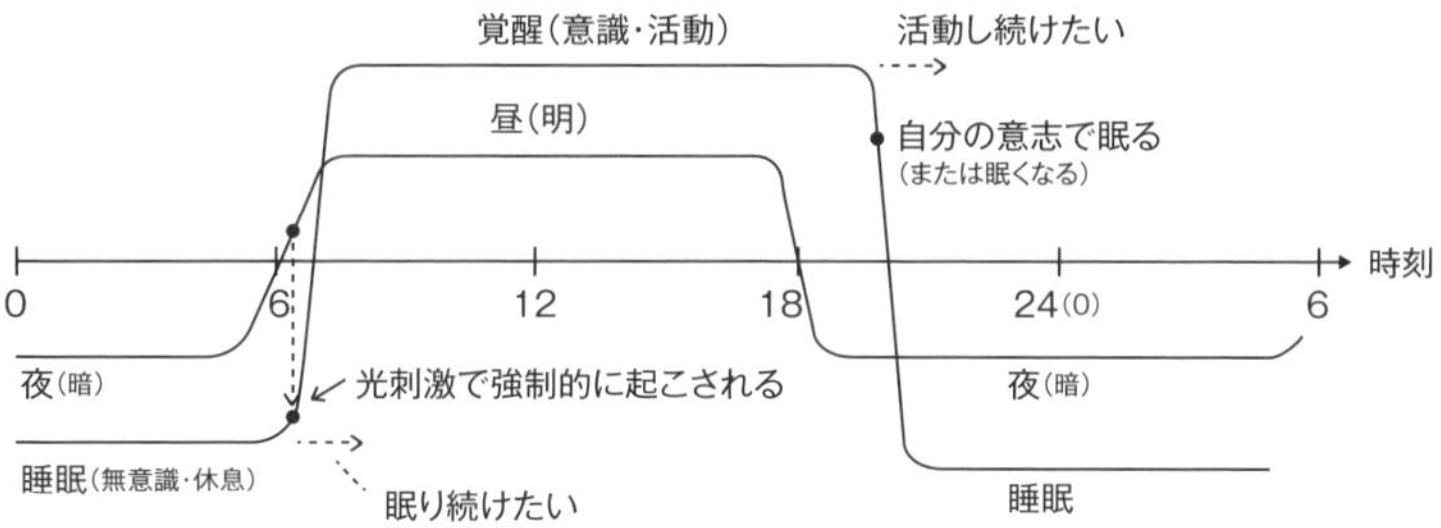

の仮説を提示してみましょう。

上図には、この根拠となる理由が示されています。最初に、睡眠のほうですが、本来なら無意識に眠り続けたいというのが自然の流れでしょう。ところが、夜が明けて光刺激に接すると、強制的に目を覚まさせられるという状況になります。夜明けの光が体内時計をリセットする、という考え方です。

次に、覚醒のほうは意志が働いていますので、活動をし続けようという心理状態となります。それが覚醒している時間を延長しようとする要因となります。つまり、睡眠時は無意識に眠り続ける傾向となり、覚醒時は意識的に活動を続けたいという傾向を呈します。

したがって、ともにリズムを延長する方向に働くため、24時間より長いリズムが生まれると考えるのが妥当かもしれません。

もう一つ、大切なテーマとして睡眠時間のことを再考してみましょう。かつて、エジソンの電球発明以前は、暗い夜を寝て過ごすしかありませんでした。そこから類推されるのは、睡眠時間が12時間に近かったのではないかということです。したがって、電灯の発明が人間の睡眠時間を短くしたという理屈も成り立ちます。エジソンを「睡眠の破壊者」と酷評する人もいるようです。

人類が誕生して以来、地球の自転にしたがって眠っていた生活が、最近では覚醒と睡眠の比率が2対1程度に変化したというわけです。こういう視点からいうなら、本来、人間は人生の半分は寝て暮らすべきなのに、それが3分の1になったというほうが理屈に合うかも知れません。

なぜ、3分の1も寝て過ごすのかというのは愚問であり、むしろ、「努力して3分の1に切り詰めた」という人類の涙ぐましい不断の努力というべきなのでしょう。

人間のサーカディアンリズムは
25時間なので
1日24時間に合わせるためには
どこかでリセットが
必要になるんだね

6 脳波モニタだけで睡眠の深さや質がわかるようになった

脳活動の活性度は、脳波をモニタリングすることから推測可能となりました。というのは、本来、脳波とは脳細胞が活動したときに発生する電位変動を表しているからです。脳活動が活性化すればするほど、高い周波数の変動となって出現することがわかっています。

下表には、脳波の種類とその特徴などを列記しました。ここでは、上から順に脳活動の活発度に応じて並べてあります。脳活動つまり精神的な活動が活発なら、個々の脳細胞自体が忙しく活動している状況が容易に想像可能です。

この表の一番上の活発な活動状況を呈するのは、高度精神活動や恐怖心など一番の緊張状態にありま

脳波の種類とその特徴

脳波の種類	周波数帯域（Hz）	周期	心的緊張度	主に出現する状況
γ波	70～28	最速	最強	高度精神活動、恐怖心
β波	27～14	速い	強	覚醒時、興奮、怒り、不快
α波	13～8	やや速い	弱	覚醒時、快い、リラックス
θ波	7～4	ゆっくり	ほとんどなし	（浅い）睡眠時
δ波	3～0.5	極くゆっくり	全くなし	（深い）睡眠時、麻酔中

す。このとき最速のγ（ガンマ）波が出現します。次は、「闘争」とか「怒り」あるいは「不快」などの場合に出現するもので、β（ベータ）波と呼ばれる周波数の高い波形となります。次のα（アルファ）波は比較的周波数の低い波で、覚醒時だと「リラックス」「快い」「楽しい」といった心理状態のときと結びついています。α波は浅い睡眠状況下にあるときにも出現します。

また、睡眠時に現れるのは、θ（シータ）波とδ（デルタ）波という周波数の低い波です。睡眠という状況は、脳が不活発である、あるいは休止状態であることの立証ともいえるでしょう。θ波は眠りが比較的浅い状況下で観察されますが、深い眠りに陥ると最も周波数の低いδ波が現れます。この波は、手術の際の麻酔下でも出てくる波なので、この波の分析をすれば、麻酔の深さも推定できます。それと同じ理屈ですが、睡眠の深さを推し量るのにはもってこいの波といえるでしょう。

このように、脳波自体は脳活動を如実に表現しますので、脳波をモニタリングすることによって睡眠の状態、すなわち睡眠の深さも客観的なデータとして取得可能になりました。

左の写真は、スリープウェル社が開発した脳波を簡単にモニタリングできる装置「SLEEP SCOPE」です。被験者の額と耳に電極を貼るだけで、睡眠状態がわかることを特徴としています。これまでは、睡眠を精密に検査するためには、ポリソムノグラフという大掛かりな装置が必須となっていました。しかし、「SLEEP SCOPE」はたった二つの電極装着だけで使えるという意味で、検査者および被検者にとっても昔と比べて十分な優位性を備えた装置です。

左下図には、睡眠時間と年齢との関係が示されています。このグラフは、活動量の推移にも重なり、

脳波モニタ SLEEP SCOPE の概観

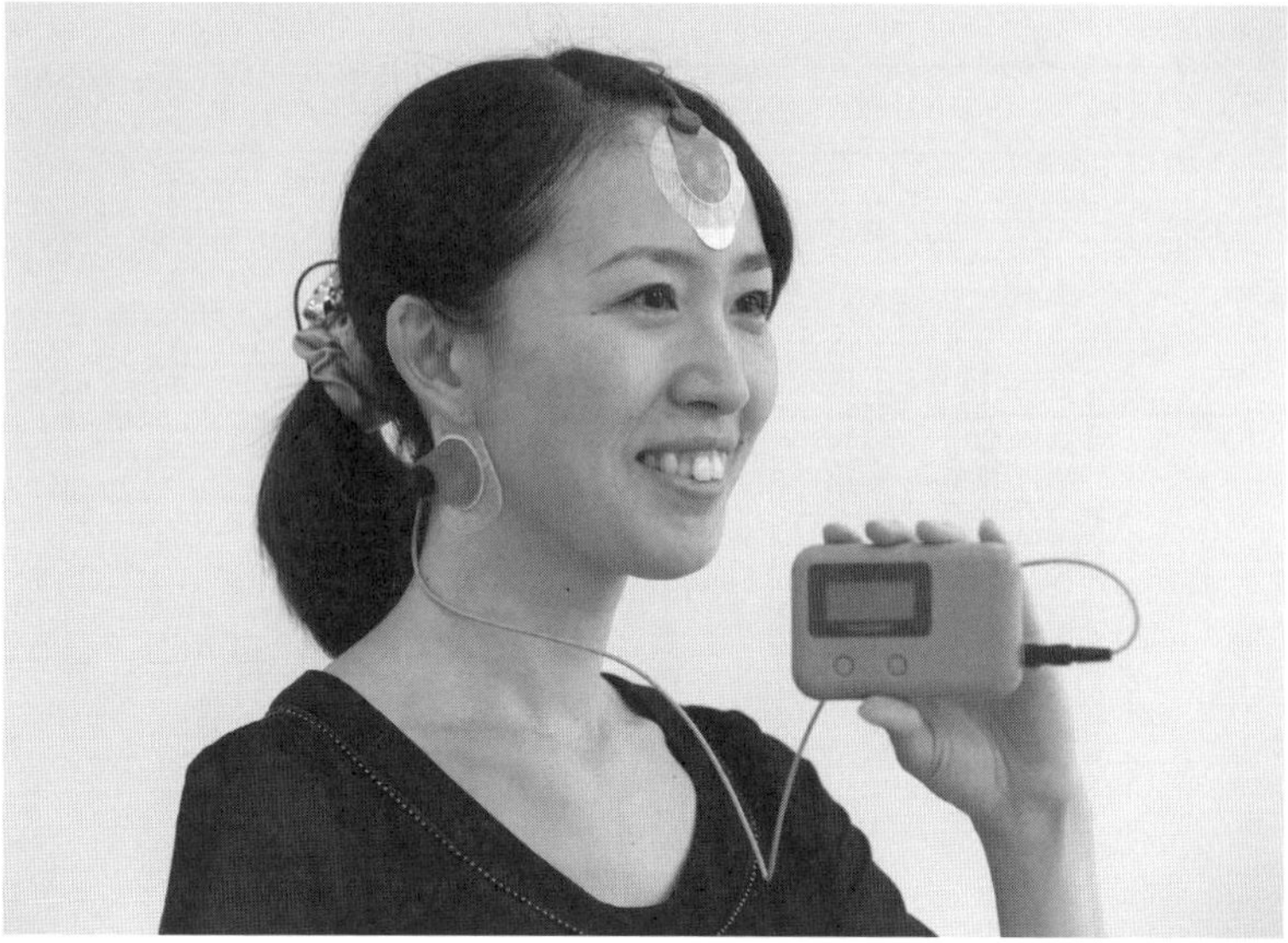

写真提供：スリープウェル社

年齢別睡眠時間の推移

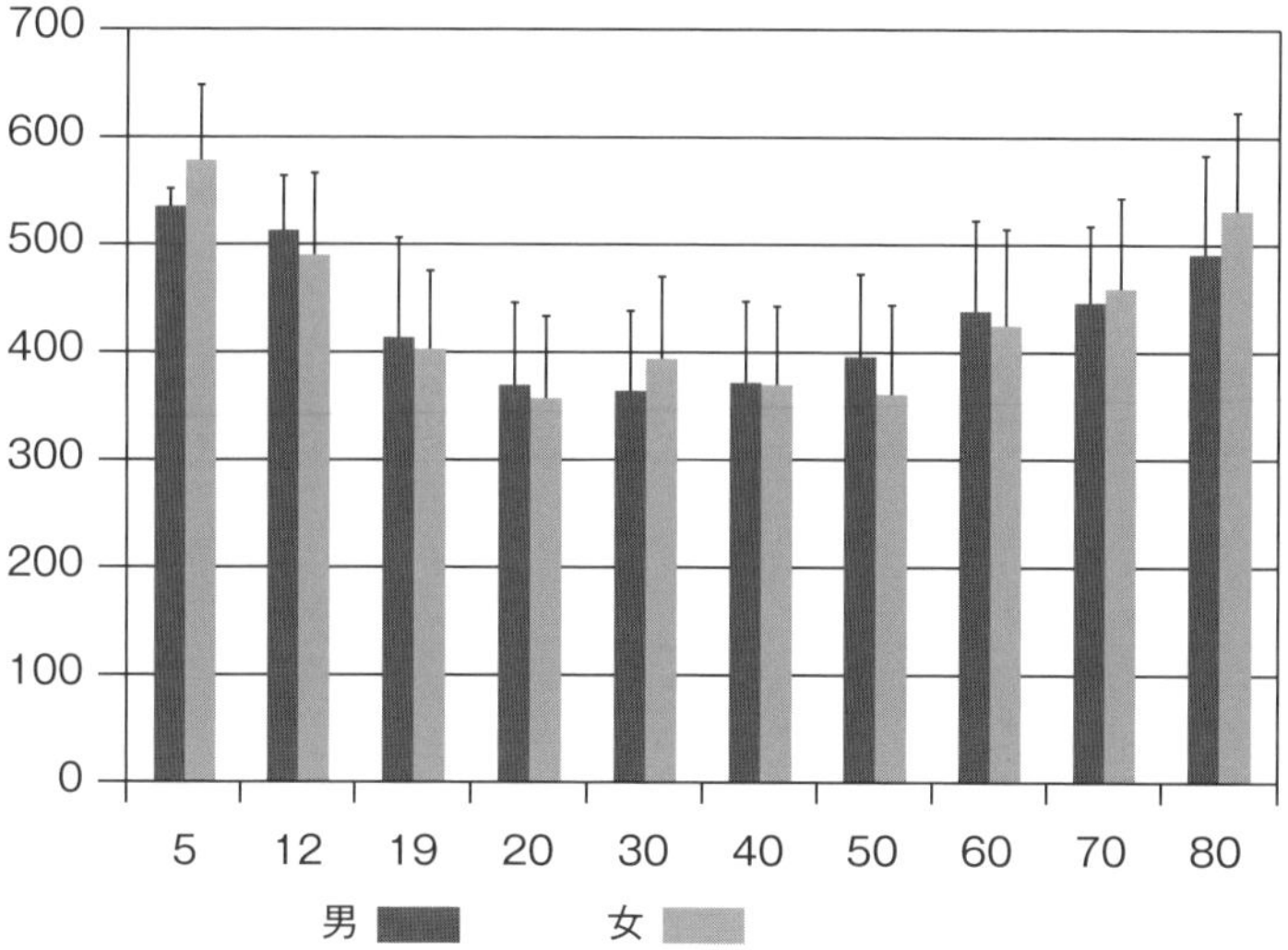

年齢別の深い睡眠（ノンレム睡眠）の推移

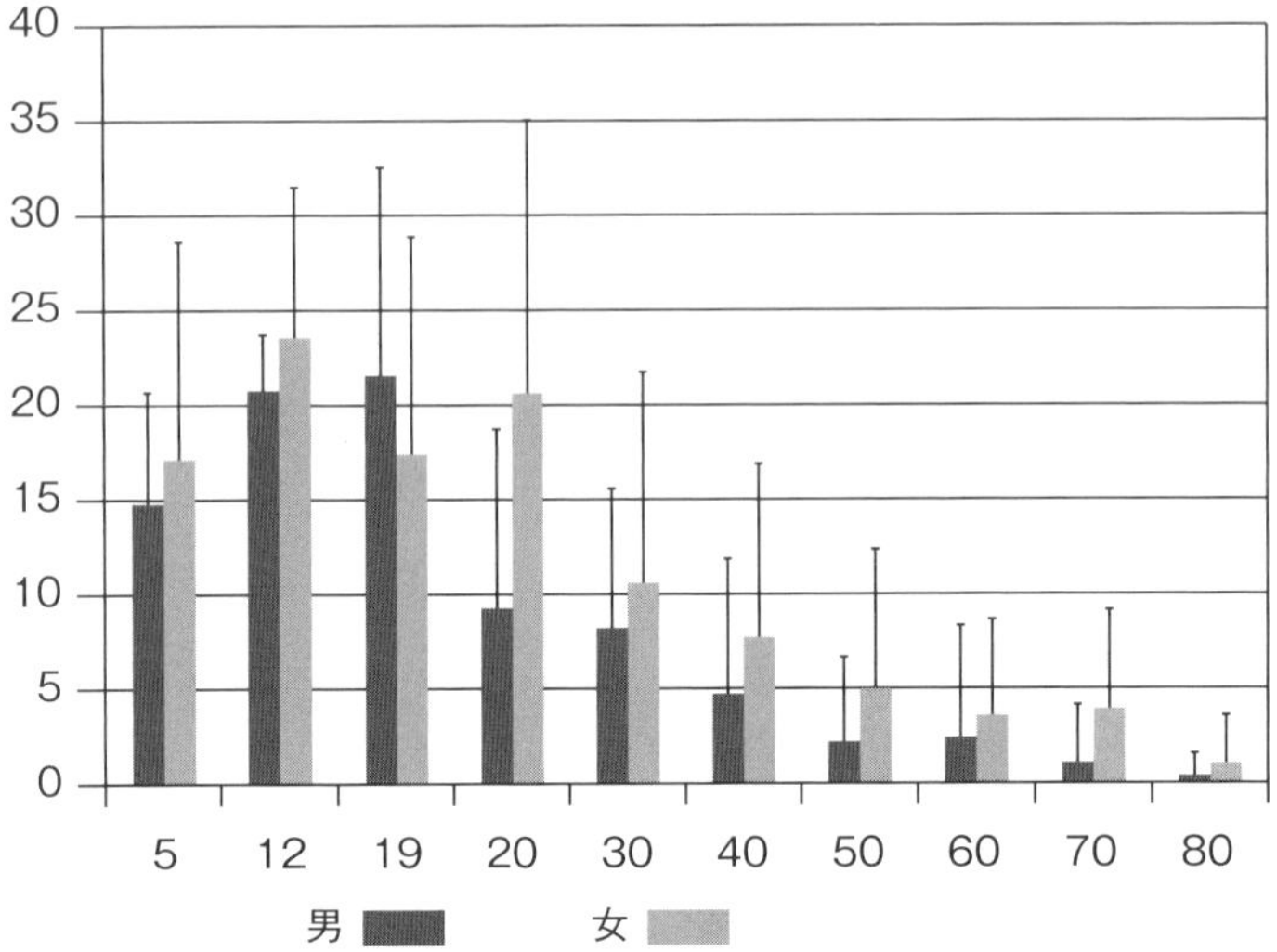

年齢別の中途覚醒の回数の推移

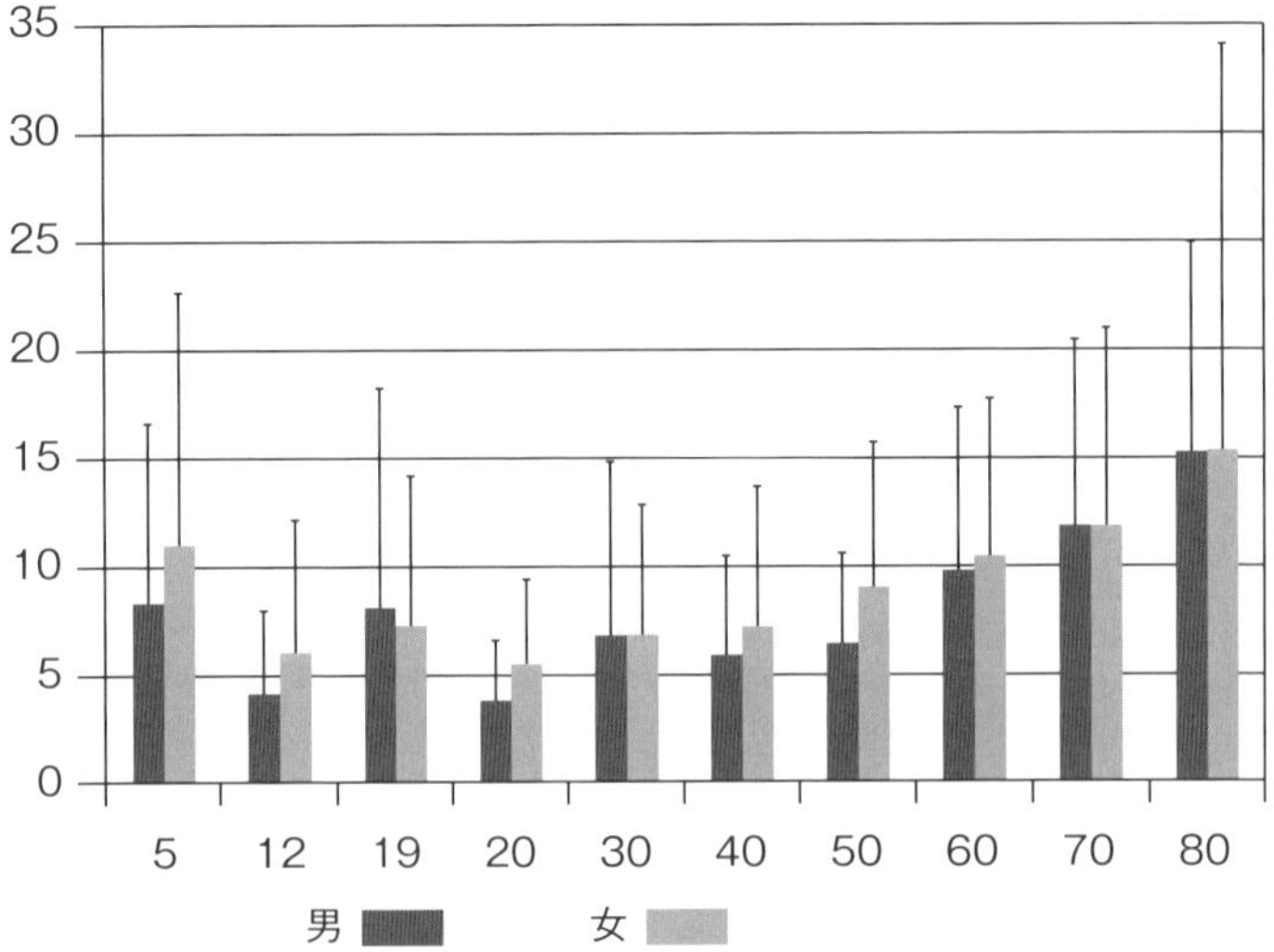

働き盛りの30代では睡眠時間が最低になっていることを示しています。これまで考えられていた「年寄りは早起きで、睡眠時間が少ない」という定説も覆りそうです。

26ページ上図は、比較的深い眠りとされるノンレム睡眠の実情を示しています。このグラグが示すのは、20代までの若い年代は「よく眠れている」ということでしょう。年配の方々から「最近、よく眠れなくなった」というぼやきが聞こえてきますが、年齢とともに睡眠の質が落ちることを裏付けています。

26ページ下図も、これと同じ傾向のグラフですが、一晩に中途覚醒が何回くらいあるかという実情を示しています。これも年齢とともに増加の一途をたどります。

ただ、非常に安定して寝ていると思われる若い世代でも、13～19歳という年代に中途覚醒の割合が高いのが注目点です。いわゆる、「多感期」ともいいますので、情緒の不安定さが影響しているのかも知れません。

今や睡眠の深さや
質まで測定できるように
なってきているんだね

7 いびきは睡眠の敵、スマホで確認して対策を

安眠の常識からすれば、いびきがその敵であることは衆知の事実です。一体、いびきの正体は何なのでしょうか。

いびきは、睡眠中に上気道の筋肉が弛緩することによって、空気の通り道が狭くなるために音声となって発生します。とくに深酒とは「相性が良い」ことで知られ、「高いびき」と称される大音量の雑音となります。

また、メタボとの関係がよく知られており、体自体が太るのに合わせて気道の内側にも脂肪がついて狭くなるのが原因です。メタボの原因の一つに「不眠」があげられていますので始末に負えません。

メタボ（太る）→気道圧迫→いびき→不眠→メタボ（太る）→・・・という負の循環にはまり込んでしまいますので、当事者本人にとっては大問題になるわけです。

さて、最近ではいびきをスマホで確認できるアプリも登場しています。アニモ社が開発した「ZooZii（ズージー）」というソフトウエアです。スマホの集音機能を利用していますので体にセンサを付ける必要がなく、非常に簡単に使えるシステムです。いびきは、寝始めに出やすいといわれていますので、寝始めてから3時間の就寝中のいびきの状況をチェック可能としています。

次ページ上図がZooZiiのアプリのトップ画面で、いびきをチェックした日にチェックが入ります。カ

カレンダー形式の TOP 画面

録音開始画面

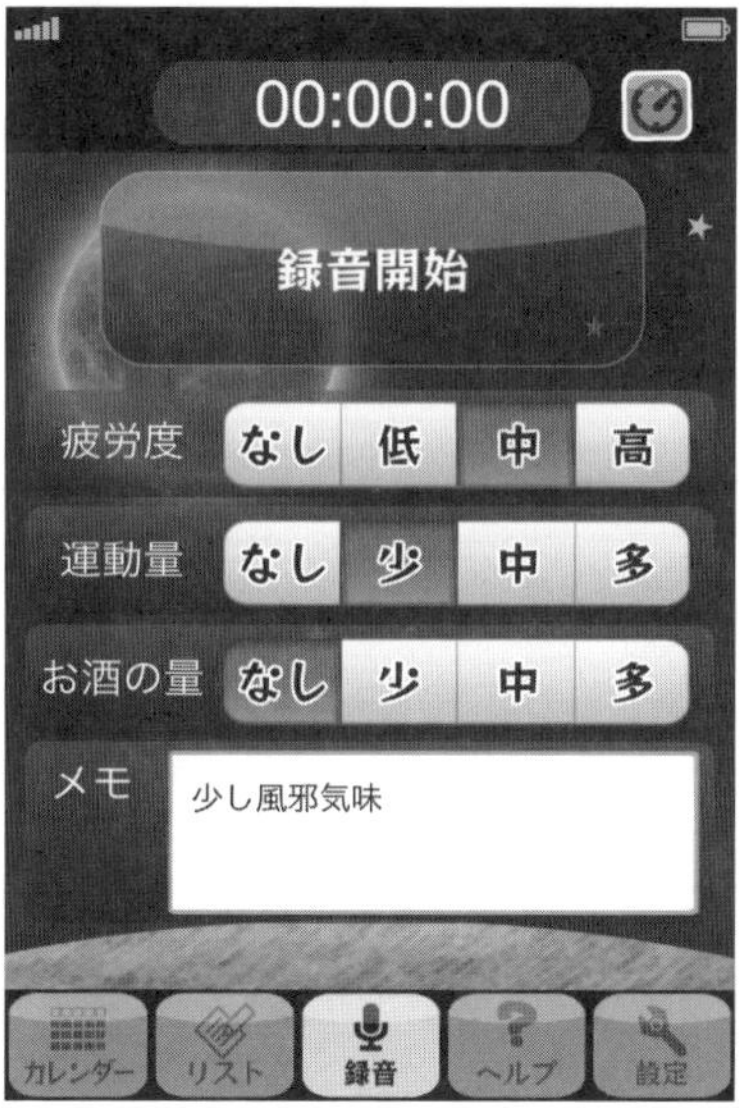

レンダー形式で表示されますので、日付を指定すればば「いびきチェックの結果」が出てきます。

29ページ下図は録音開始の画面であり、その日の疲労度、運動量、飲酒の量などとともに、メモとして使うことができます。

いびきのチェック結果表示画面

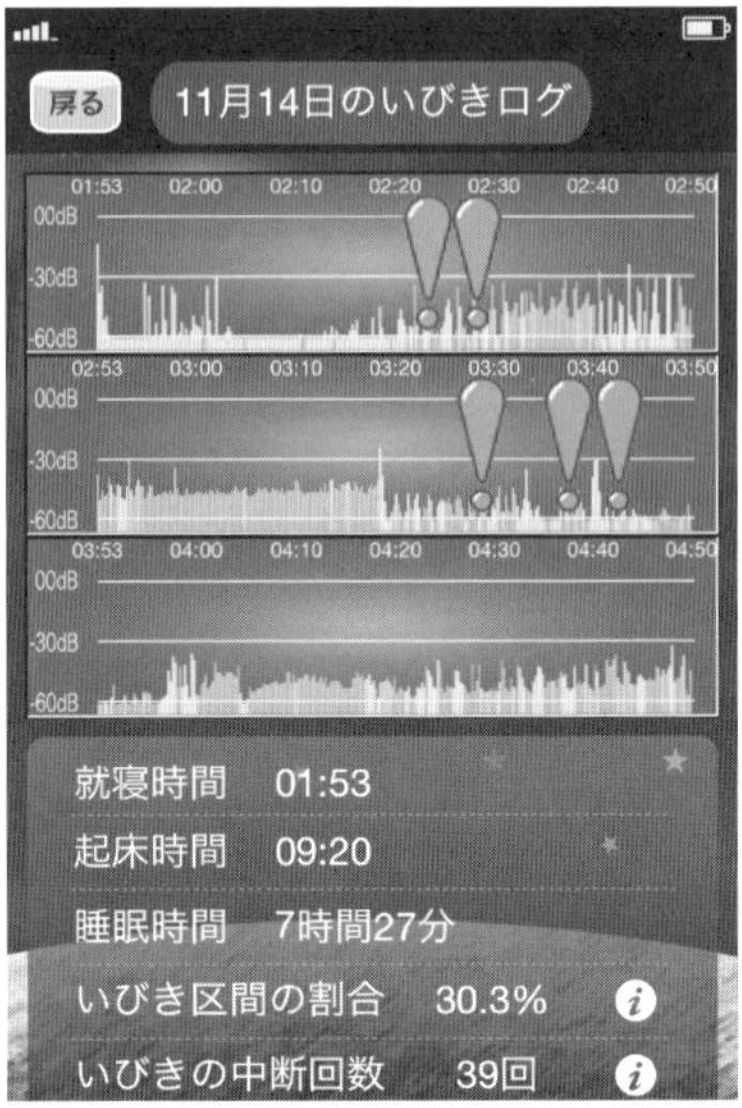

戻る
11月14日のいびきログ
就寝時間 01:53
起床時間 09:20
睡眠時間 7時間27分
いびき区間の割合 30.3%
いびきの中断回数 39回

上図が結果の表示画面で、チェックした3時間のいびきの様子が時間経過とともに表示されます。この中でも、とくに大きないびきが検知されると、「!」が最多で5個まで記録されます。この部分を指定すると、実際にどんないびきだったのか音声として再生することができます。ふつうは自分のいびきを聞くことが不可能ですが、この機能はその部分を自分の耳で確認することができるようになったわけです。

また、この画面からは時間経過に合わせていびきの出現状態が一目でわかります。いびきをかいている時間の割合とか、いびきの回数とかもわかりますので、将来のいびき防止策、低減策を立てるのに役立ちます。さらには、いびきだけでなく睡眠時間なども表示可能ですので、睡眠そのものの改善にも役立つことになります。

8 「春眠暁を覚えず」の真偽のほどは

春になると朝起きるのがつらい、というより、気温が上がってくるとぬくぬくとした布団の中で気持ちよくうたた寝するのが楽しい、というほうが適切でしょうか。

中国の詩人・孟浩然の「春眠暁を覚えず」という漢詩は、どなたもよくご存じです。でも本当にそうなのかどうか、検証してみることにしましょう。そこで、少し状況把握をして、その論拠を確かめることにします。先ずはその漢詩の全文と読みを見てみます。

（原文）　（書き下し分）
（ひらがな読み）

春眠不覚暁　春眠暁を覚えず
（しゅんみんあかつきをおぼえず）
処処聞啼鳥　処処啼鳥を聞く
（しょしょていちょうをきく）
夜来風雨声　夜来風雨の声
（やらいふううのこえ）
花落知多少　花落つること知る多少
（はなおつることしるたしょう）

訳してみるとこうなるでしょう。

春の眠りは心地がよくて、夜が明けたのも気づ

東京の日の出時刻

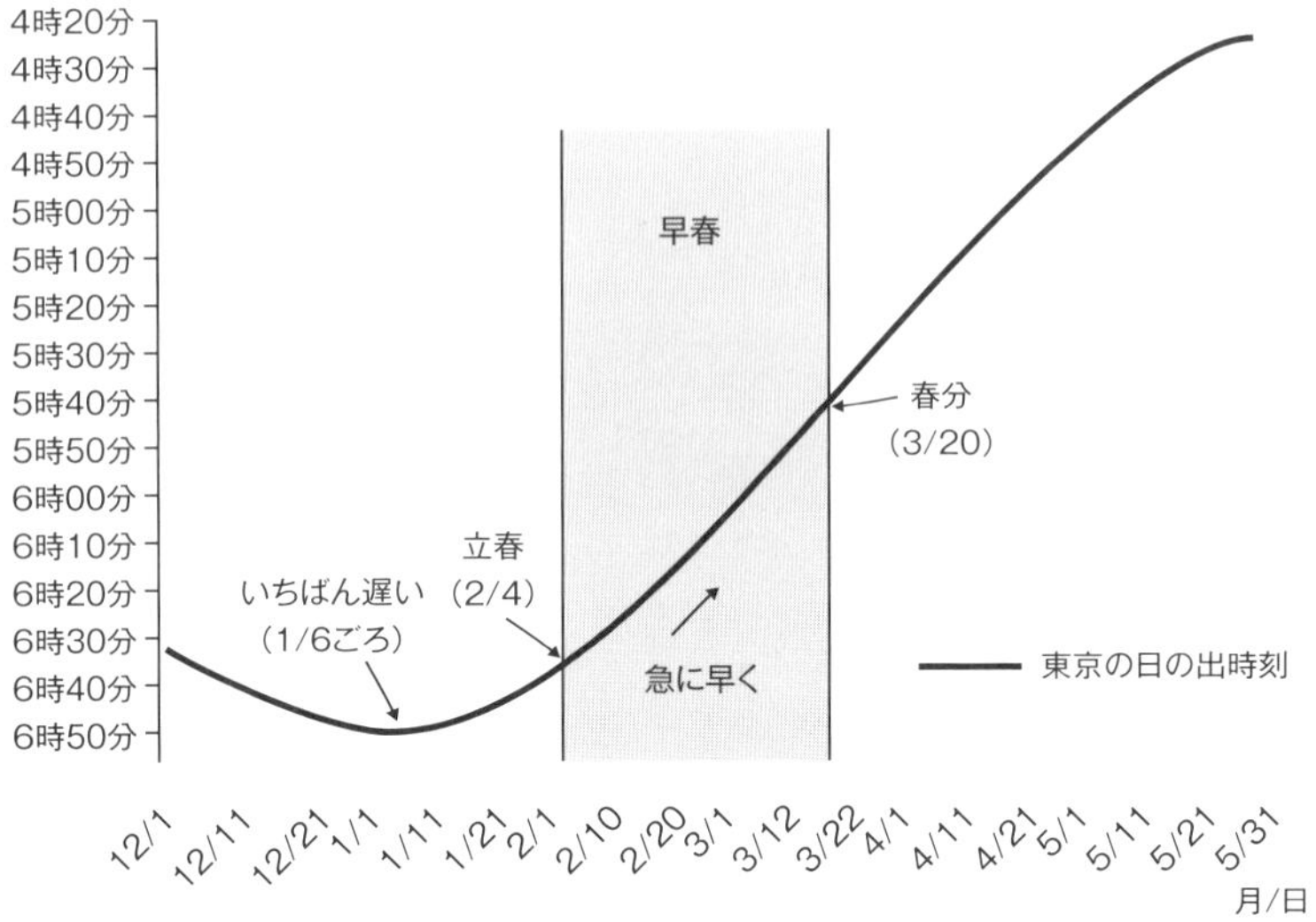

かないくらいだ。
外からは鳥のさえずりが聞こえてくる。
そういえば昨夜は風雨の音がしていた。
いったいどれくらいの花が散ってしまったことだろう。

そこで、冬から春になると何が違うかを考えてみればよいでしょう。一つは日の出の時刻が徐々に早くなること、二つ目は気温、とくに朝の最低気温が上昇することです。

上図には、東京での日の出の時刻の経過を示しました。2月4日の立春では6時39分ですが、3月20日の春分には5時45分になり、この早春の1か月半で1時間近く早くなります。この時期は最低気温も上昇し始めるので、心地よい眠りから急激に「たたき起こされる」状態になるわけです。孟浩然の出身地・中国の湖北省でも気象概況は東京と同じ程度と推定されますので、この漢詩の必然性が実感できます。

サーカディアンリズムの項で説明しましたが、もともと朝日によって「たたき起こされている人間」にとって、早春の日の出の早さは睡魔の敵といえるでしょう。

「春眠暁を覚えず」の次にくるのは、「処処啼鳥を聞く」というフレーズであり、朝を知らせる鳥の声が覚醒の自覚につながることを意味しています。「早起き鳥」というとおり、鳥類こそが「明るさに敏感」ということで、この事実の裏付けを与えてくれます。

なお、睡眠と体温・環境温度の関係については、第６章　良く眠る（熟睡）ための環境づくりで詳しく説明してあります。

孟浩然の伝説画像

孟浩然
浩然大不拘古匠心獨
妙時閒適私省秋月
新霽諸英華賦詩
作會浩然曰微
雲淡河漢疎
雨滴梧桐
舉坐歎
其清絕

9 人はなぜ朝日で目覚め、夕日で眠くなるのか

エジソンにより人工的な光が発明される以前、人類は火を灯すことで夜を過ごしていたと考えられます。火を使用した痕跡として発見されている最古のものは、南アフリカ、スワルトクランス洞窟の約160万年前のもので、それ以降は東アフリカのケニア、チェソワンジャ遺跡の約140万年前、または北京原人の洞窟の痕跡による約78万年前などあります。ただし、この時代に、光（火）をコントロールできていたかどうかは不明です。

哺乳類の祖先の誕生は今からおよそ2億年以上前とされており、生物を含めた哺乳類の長い歴史の中で、光のない夜間は「眠る時間」というのが必然的な考え方となります。

光が睡眠生物を睡眠へと誘うメカニズムの一つとして、太陽光の中に含まれる光の波長成分が考えられます。そこで、太陽光と睡眠にはどのような関係があるのかを考えてみます。

次ページ上図は、朝、昼、夕方の太陽光線の到達状況を示しています。日中、太陽は頭上に位置するため、波長の短い青色光を強く散乱させます。昼間の空が青く見えるのはそのためです。

しかし、朝焼けや夕焼けの時間帯には太陽は地平線上にあり、赤く見えます。太陽が低い場合、大気内を通過する光が大気中の成分とぶつかり波長の短い青い光が吸収・散乱してしまいます。波長が長く大気を通り抜けやすい赤色の成分だけが、地上にい

覚醒を促す青色光の地球到達の様子

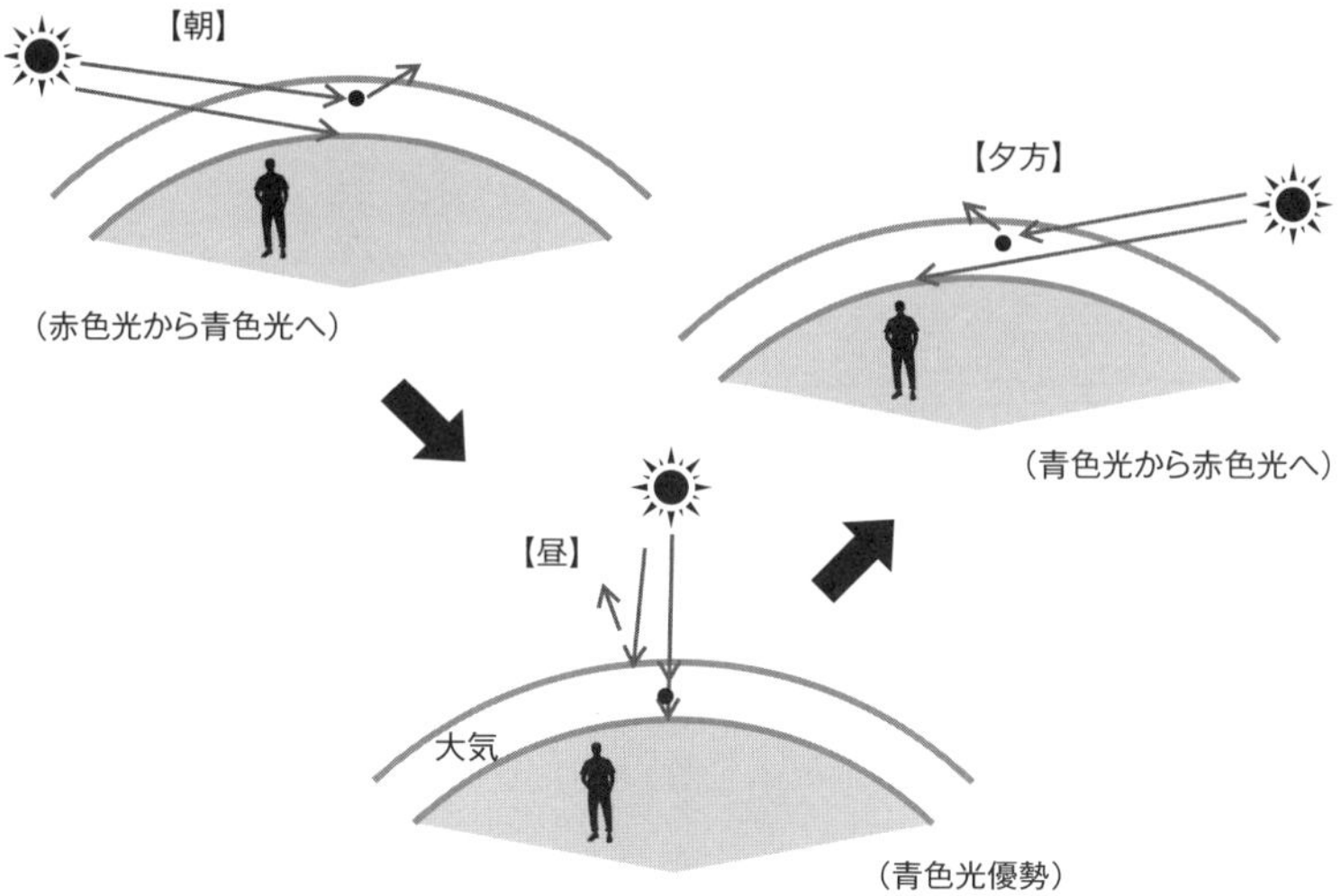

る私たちに届くのです。つまり、波長の長い赤色光のみが厚い空気の層を突き抜けてくるためです。

朝になって、はじめは赤みを帯びた旭光に青色が混じってくると、それに刺激されて人間は覚醒を促されます。太陽の強い光には青色光が多く含まれるため、メラトニンの分泌を抑制すると考えればよいでしょう。赤から徐々に青い光が増えることで夜から朝に向かう一自然現象から、覚醒準備をする学習を積み重ねてきたのでしょう。

また、夕方になって、青い光が遮断されて空が再び赤くなると、これから夜が始まる準備段階であることを、人体が太古の昔より体得したと考えられます。光（特に青色光）の遮断がメラトニンの分泌を盛んにするという考え方です。

ちょうど、交通信号にも似て青で進行（覚醒）し、赤で停止する（眠る）のような仕組みができあがっているのです。

10 目覚まし時計は「音より光」の時代到来か

人間を含めた動物の目覚めは、まずは朝の太陽光に誘発されることがよく理解できたでしょうか。その基本的な原理をもとに考えるなら、太陽光に含まれる光の成分が「覚醒刺激」として最適だという理由が納得できます。しかも、太陽光に含まれる青色を基調とした光を浴びたとき、眠っている人間の目覚めが容易に起きるわけです。

さて、「目覚まし時計」という製品を思い浮かべる際、従来から一般的に広まっているものは音声によるアラームです。スマホの時代といわれる現代においても、この状況に大きな変化はありません。すなわち、スマホ自体のもつ目覚まし機能を利用している読者も多いことでしょう。

そこで、もう一度、基本原理となる「目覚めを促す法則」を思い出してください。人の覚醒が促進されるのは「朝の光」だということを…。そうです、この基本原理をもとにすれば、目覚まし時計は音声刺激より光刺激のほうが自然の法則に適っているのです。

こうした事実がわかってきた結果、光を目覚ましに使った製品が多く登場しています。写真は、照明・時計機能に加え、音と光のアラーム機能も持った「目覚ましライトSL-122（ドリテック社製）」です。目覚めたい時刻に設定しておくと、ちょうど夜明けの光が徐々に光度を増すかの如く、10段階に明るくなるという機能を備えています。実

目覚ましライト　SL-122

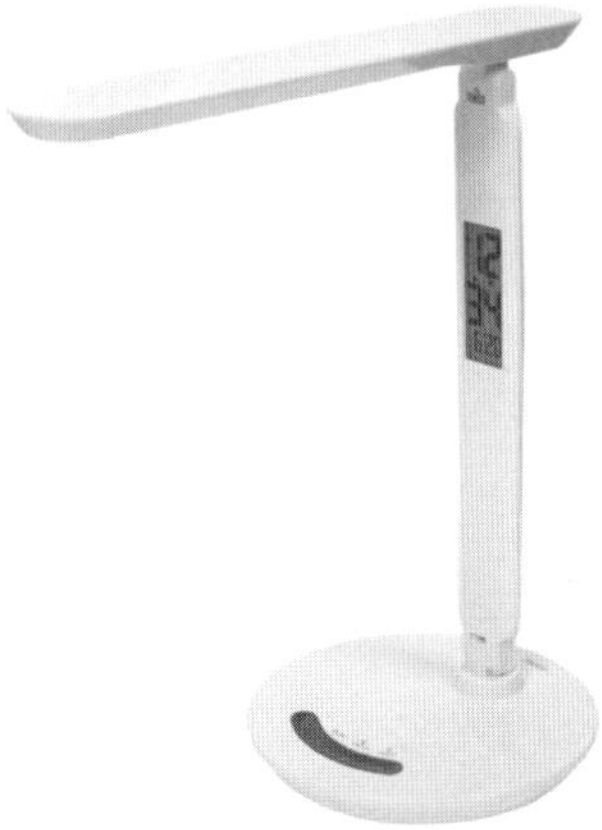

写真提供：ドリテック社

光アラームの照度変化

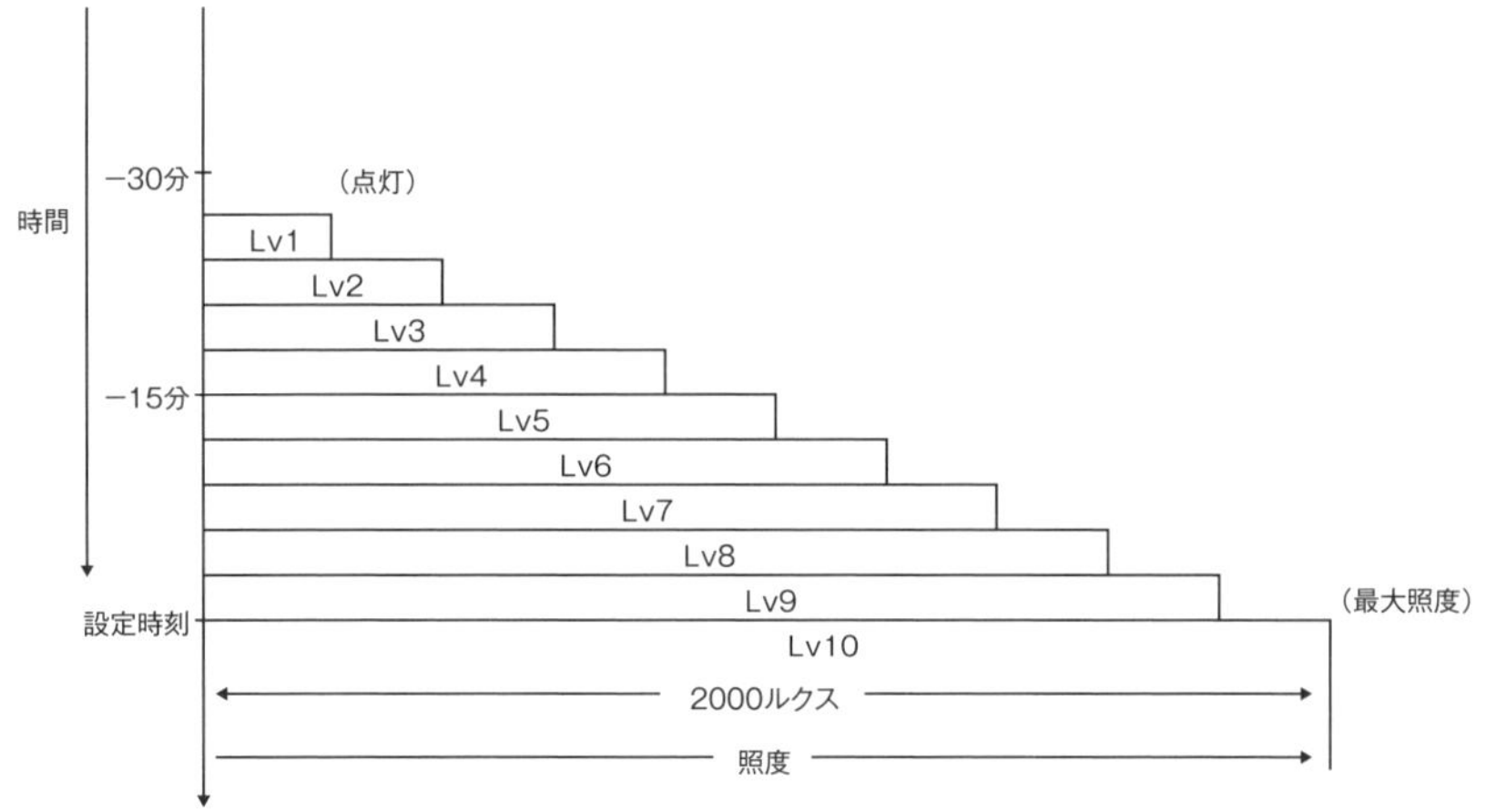

際に使用してみた経験からすれば、音のアラームよりはるかに快適に目覚められる、ということができます。

　技術面から考えると、ちょうど白熱灯や蛍光灯などに代わって、ＬＥＤのシェアが高くなってきている現状に呼応しているともいえます。というのは、ＬＥＤ照明はいろいろな方式での調光が可能なため、調光ＬＥＤとして多種類の製品に利用されてきています。

　その中で、部屋全体を調光する製品としてＬＥＤシーリングライトというのもあります。この機能の中に、「目覚め」だけでなく「眠りにつくための明かり」までを装備した製品も販売されています。調光といえば照度の変化が主体ですが、調色といって色まで変化させる製品もあります。青色を基調とした旭光に対して、夜は夕映えをイメージした残照の色を選択するなど、手の込んだ製品も出てきました。

　こうした現況からすれば、光の目覚ましはＬＥＤ技術の特徴をフルに生かすのにマッチした製品、といえるでしょう。

さわやかな目覚めのためには、
音で起こされるより、
光りで上手に起こされる
ほうがいいんだね！

11 動物の冬眠に学ぶ「眠りの法則」

ご存じのとおり、動物の中には冬季になると半年近くも冬眠をするものがいます。中には、完全に活動を止めてしまう「冬眠」と部分的に活動を鈍らせる「冬ごもり」があることもわかっています。

冬眠・冬ごもりをする動物は、クマを除いて小型の種類が多いというのが実情です。よく知られているものを列挙すると、爬虫類のトカゲ、カエル、カメ、ヘビなどや哺乳類のコウモリ、ヤマネ、シマリスなどがいます。これらの動物は夏の間は、通常の体温を保っていますが、冬眠中はかなり低い体温になることがわかっています。この現象は、冬になると外気温とともに穴倉の中などもかなり冷え込みますので、体温も低くするほうがエネルギー消費を少なく抑えられるからという理由です。さらには、心拍数を少なくし、呼吸もごく浅いものとなります。これらも同様に、エネルギー消費の節約という理屈が成り立ちます。何しろ、長い冬の時間帯を食物や飲み物さえ摂取せずに過ごすのですから、「超省エネ」を強いられるのは当然です。

こうした実情から、動物の冬眠と気温や体温は強い結びつきがあると考えられ、その事実には、いささかの反論の余地もありません。

しかし、ここで睡眠と光の関係を考えてみることにします。というのは、冬眠ももとを正すと、冬の長く暗い時間帯と関係がありそうです。

なぜかという理由を説明します。ヒントは、動物の基本的性質である「明るい間に活動して、暗くなったら寝る」という事実です。一般的には、夏は昼間の時間が長く、冬は夜の時間帯が長時間続きます。この傾向は、緯度の高い地方ほど極端な違いとなって現れます。

わかりやすい例を出してみます。緯度の低い熱帯地方では年間を通して昼夜の時間はほとんど変化しません。しかし、北極圏を超えると、夏は終日太陽が出ている反面、冬になると太陽の出ない真っ暗な夜が半年も続きます。

北極圏や南極圏に住む動物たちにとって、冬の夜の時間帯は何もできないことになります。これが冬眠や冬ごもりの習慣を生む原動力となっている、という論拠が成り立ちます。

多分、冬眠は北極圏や緯度の高い地方に住む動物たちが、生活習慣として身に着けたものということが可能です。

熱帯地方や低緯度帯住む人間や動物は、太陽の運行に合わせて睡眠をとるという定説を記しました。それなら、高緯度地方に住む動物が半年も続く夜を寝て暮らすのも、太陽の運行、つまりは光とともに暮らしていることが裏付けられます。

もちろん、これまで説明されていますように、冬眠は温度と関係するという事実は厳然として存在します。しかし、それ以上に、冬眠する動物たちが冬の光刺激がない時間を「冬眠」という独特の方法で過ごすことを工夫したと考えられます。

眠りと光の関係、光と目（あるいは視床下部）の関係、これらが切っても切れない関係にあることを説明してきました。遠い昔、照明のなかった時代に、高緯度地方の人々も冬眠に似た「冬ごもり」をして暮らしていたのではないのか、そんな光景が目に浮かびます。

緯度による日照時間のちがい

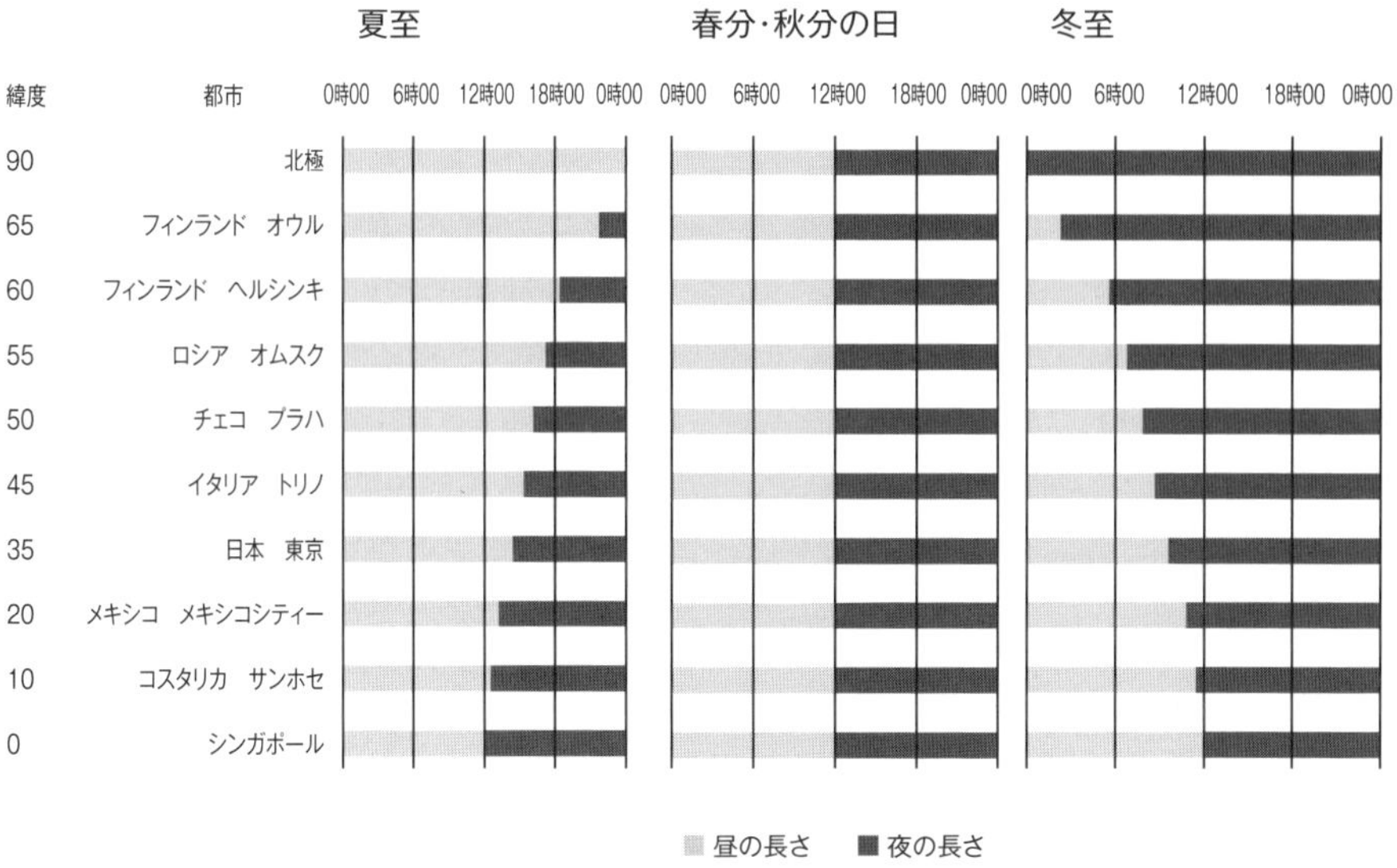

日照時間のちがいと睡眠・冬眠の関係

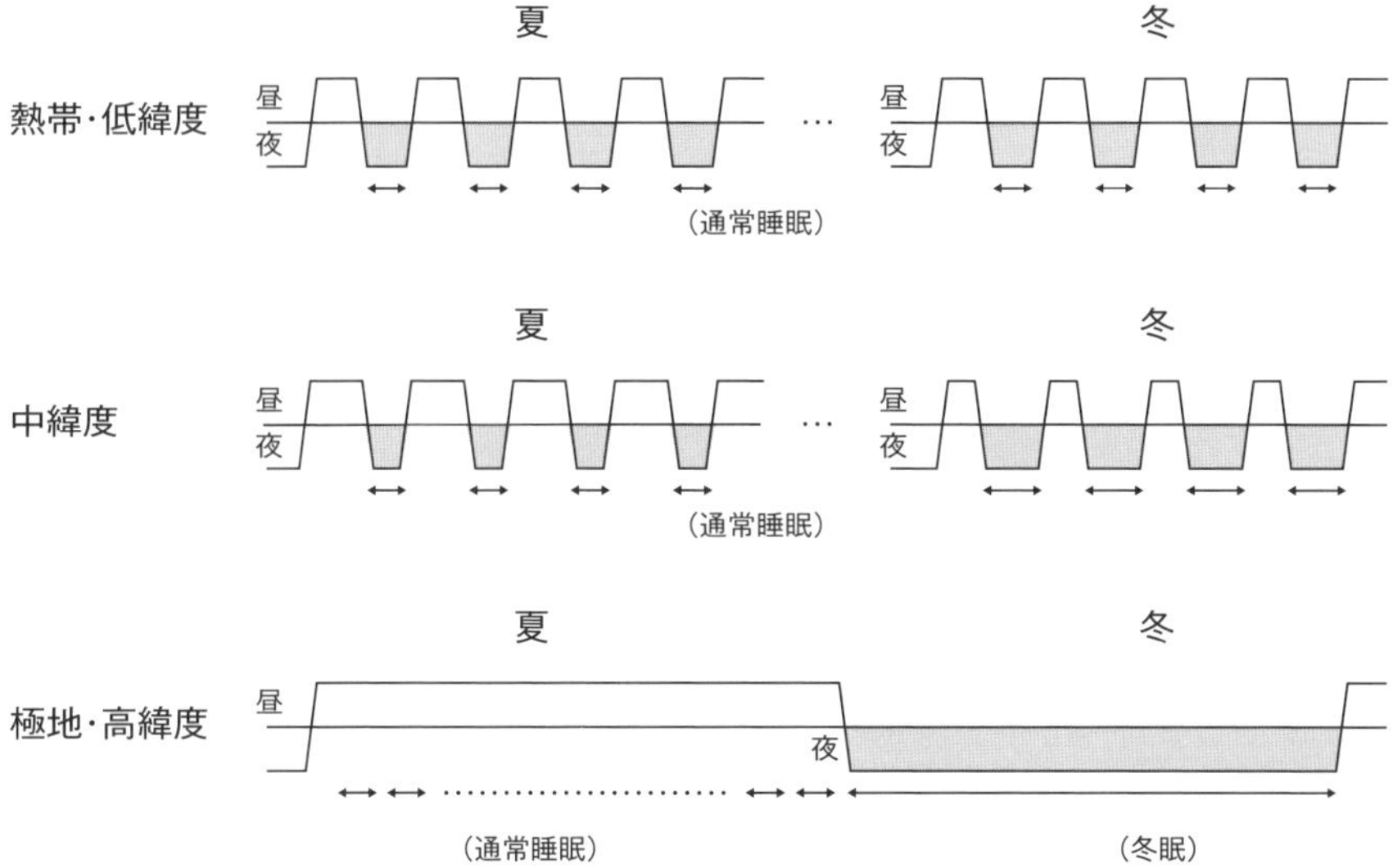

Column

人も冬眠していたのか

冬眠する動物は限定されていることを記述しました。もちろん、人間の冬眠などということは確率ゼロと思われています。ところが、絶対ありえないともいえない事例が報告されました。しかも、世界的にも２例だけですが、その内の一例は我が国でのできごとなのです。

すでに新聞紙上でも報告されていますが、あらすじだけを記します。関西で遭難して気を失っていた男性が３週間程度、飲まず食わずの仮死状態で発見されたのです。発見当時の体温は２２℃とのことで、脈も呼吸も浅かったようです。季節が１０月というわけで、最低限の環境温が保たれていたのが幸いしたのかも知れません。

蘇生に成功した医師の談話でも、「冬眠のような状態」との報告でした。

もう一例はスウェーデンでの事例で、こちらは２カ月も雪の中で生きていたというものです。こうした事例からも、古代には人間も「冬眠」をしていたのではないのか、と遠い昔に思いをはせるのも興味深いことです。

第2章

人はなぜ枕を必要とするのか

12 枕が必要なのは人間だけ

人間以外の動物は、どんな種類であっても枕を使いません。枕を使う動物は人間だけという事実から考えさせられることは、本当に「枕」は必要なのかという疑問です。

その真偽を確かめるため、まずは枕ができた過程を追ってみましょう。

動物が使わないという事実からしても、「人間の発明品」ということがわかります。おそらく、枕の起源は寝る時に組んだ手を後頭部に当てると楽だということを、経験値として知っていたからでしょう。

また、横寝のときに腕を曲げて側頭部を支えれば、重い頭の支えができ、より安易に眠れることを習得したものと思われます。

しかし、両方法ともに長時間になると、手や腕には相当の負担を強いることになります。それら両方の利点と欠点を一気に解決する手段が「枕の起源」となったのです。

この過程からすれば、人間の進化の過程で頭脳が発達したために、「重くなった」＝「考えるようになった」という要因があげられます。もしも、人の「考える」という機能に進化がなく、その結果、脳の発達もないままだったとしたら枕も存在しなかった、ということになります。

もっと具体的な理由を探してみましょう。

人が壁を背中にして立ってみたときに、背中を

枕の発明

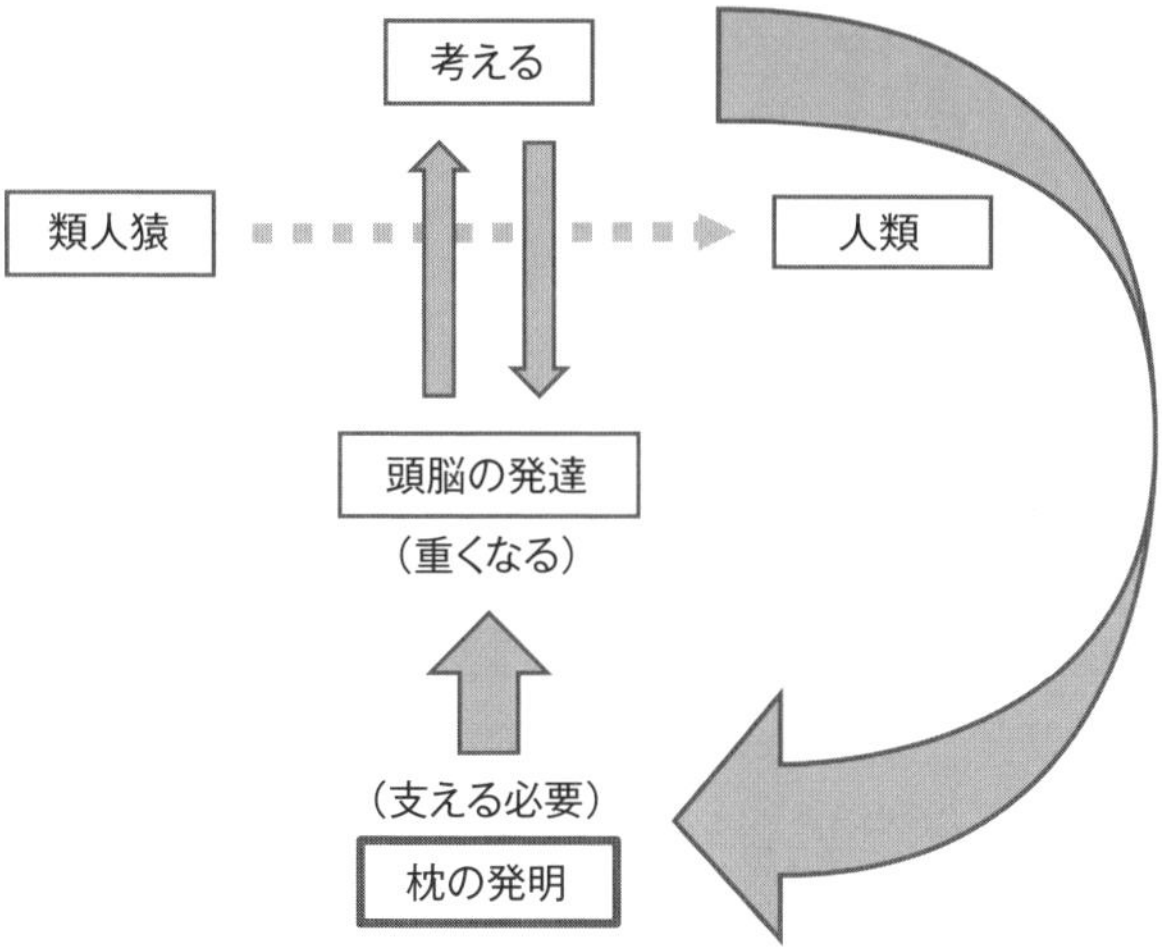

直立姿勢の際の壁とのスペース

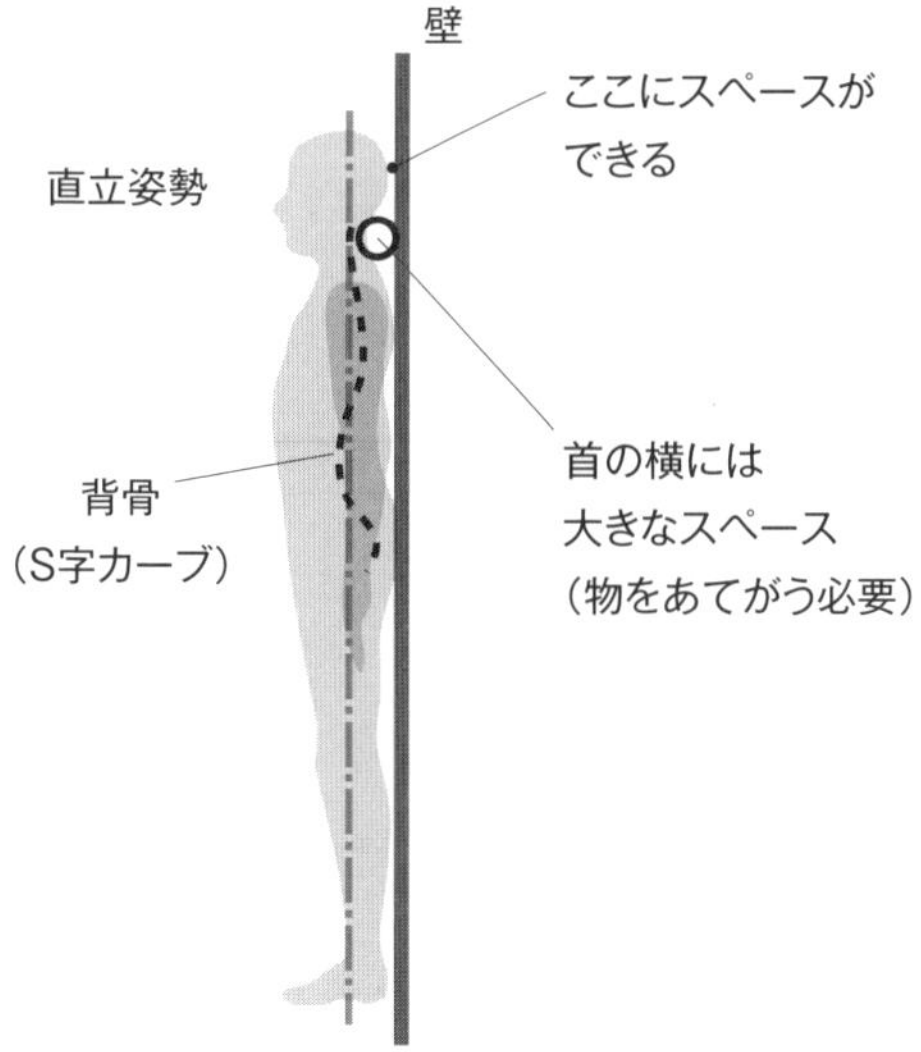

ベッタリと壁に押し付けてみると頭が壁から浮くことがわかります。通常立った状態では横から見ると背骨はS字カーブを描いていますが、寝ることによっても頭が前に出ようとしてきます。それによりできたスペースに枕を当てがえば、S字カーブに近い自然な状態に近づけることができると考えられます。

このように、枕は人類が他の動物から進化する過程で、「頭脳が発達した」ことによる必然的な発明品だと推定されます。

枕こそ「人類の人類による人類のための発明品」といえるかもしれません。さらにはまた、現代人にとっても枕はなくてはならない必需品、といえるでしょう。

人間以外の動物が枕を
使わないのは人間ほど脳が
大きくないからなんだね。
人間の脳が発達してきたことが
枕の必要性に大きく関係して
いたなんて驚きだねー！

13 古代遺跡に枕の原型がある

それでは、現代人が必須としている枕は、昔からどう変わってきたのかを見ておきましょう。

まずは、人がいつから枕を使い出したのかを検証してみます。そのためには、古代人の遺跡の中にその証拠を見つけ出す必要がありそうです。

一番古い証拠品としては、最古の人類といわれるアウストラロピテクスがすでに枕を使っていたという事実が遺跡の中に発見されています。残っていたのは、埋葬されていた遺体の頭部に「最古の枕」ともいうべき石が敷かれていたという事実です。

アウストラロピテクスといえば、最近までは最古の猿人ともいわれていました。しかし、それより古い時代にラミダス猿人が存在していたという説も出ていますので、最古の人類の説も揺らぎ始めています。とはいえ、アウストロピテクスも４００万年ほど前の超古代人の話ですので、その遺跡で見つかった置石を最古の枕としてもあまり間違った回答とはなりません。

さて、問題はこの置石が最古の枕だとしても、その目的が何であったかという点は議論の余地を残しています。というのは、最古の人類が二足歩行をしだしたことが頭脳の発達に寄与し、その帰結として枕の「必要性」を生じたということを記しました。したがって、頭の発達とともにその不安定さを支えることが重要な「課題」となり、枕の要求につながったという理屈が成り立ちます。つまりは、二足

古代の石枕の例

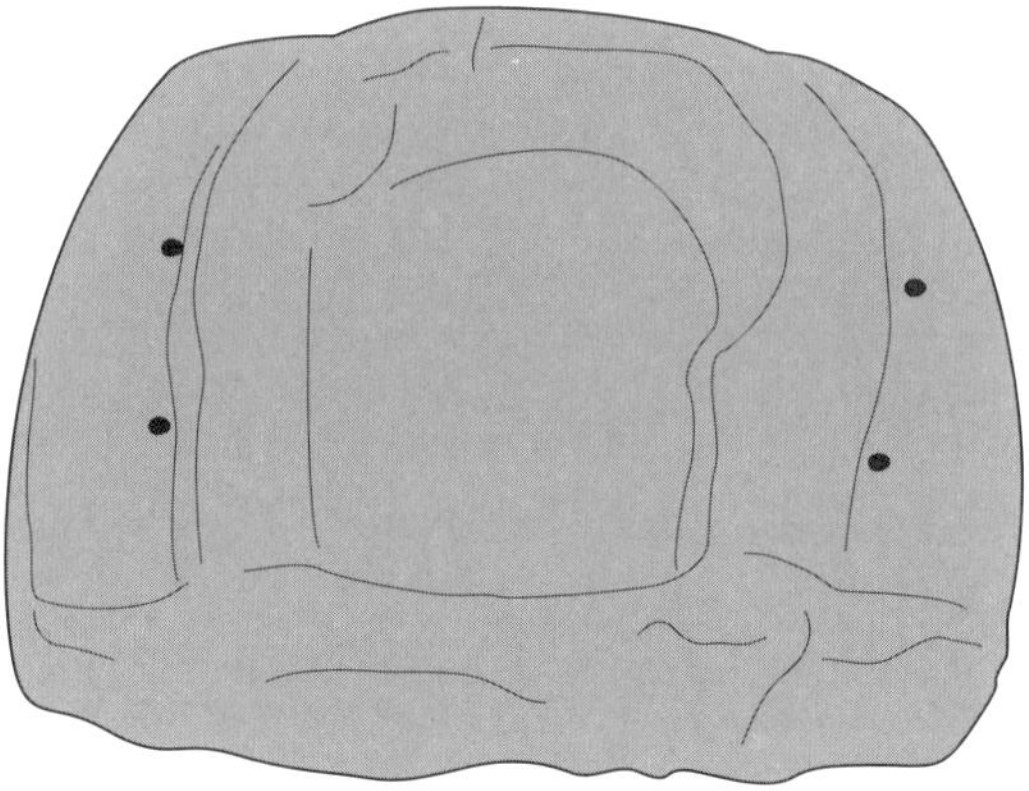

歩行と頭脳発達は密接に関係し、さらにはその「支え」が重要性を増したことになります。

本題に戻りましょう。最古の枕としてのアウストロピテクスの遺跡にあった枕の「使用目的」の話です。これが最古の枕だとして、その目的説は二つに分かれます。簡単に考えるなら、死者を葬る際にだけ後頭部を押し上げるために使ったという説。もう一つは、当時から、寝る時にも何らかの頭の支えとして利用していたとする説です。

一方、我が国の古い遺跡からは、石を加工した石枕がたくさん出土しています。古代人が死者の埋葬時に手向けたものと推定されています。

上図には石枕の例を示していますが、その周囲には、花立てといわれる装飾品を立てるための穴があいているものもあります。このことから、わが国では日常品に使ったものではなく、埋葬時にのみ使っていたと考えられているのです。

「枕」に因んだ語句とその意味

語句	意味など
歌枕	和歌に取り込まれる名所･旧跡を意味している
旅枕	「旅先で眠ること」を意味し、「旅枕を重ねる」などと使われる
夢枕	「夢枕に立つ」という使い方が多く、神や先祖などが「大切なことを伝える」ために現れるという意味がある
北枕	釈迦が入滅したときに北向きに寝かせたことから、死者を北向きに寝かせる習慣がある
高枕	「枕を高くして寝る」ともいい、なにも心配せずに、安心して眠ること

なお、石でなく木製の枕が出土したという報告もあります。

このように、使用目的には諸説がありますが、最初の枕としては石が使われていたことをこれらの遺跡が証明しています。

もしかしたら400万年前に
生きていたアウストロピテクスも
枕を使っていたんだね

14 大きい枕と高い枕の安眠性に迫る

枕は、現代にあっても、さらに工夫が続けられています。どう変化してきたのかというより、どう展開されているかを見るために、多方向からの分析を試みることにしましょう。

最初は形状の多様性についてみておきます。まずはサイズですが、一般的に日本人が使用するものより、西洋人が使うもののほうが大きいといえます。かなり古い話になりますが、1970年代のはじめ、初めて海外出張で訪れた当時の東ドイツのホテルに宿泊した際、その大きさが並大抵でないことに非常に驚いた経験があります。少なくとも、それまで国内で見ていた枕の大きさの2倍ほどもあったものですから、「なぜ」の疑問が生じたのです。理由はいたって単純で、体格が大きいからでしょう。とくに、北欧民族は、背丈も大きいため、頭も大きいし肩幅も広い傾向にあります。枕がそれらを支える役目なら、体格に比例して大きくなるという理屈でしょう。その大きさから想像するのは、大きな枕を深めに当てて肩まで乗るようにすれば、ゆったりとくつろげるということでしょうか。

このところ、日本のホテルでも一つのベッドに二つの枕を置いてあるところが増えてきました。最近投宿した京都のホテルでも、大小二つの枕が用意してありました。写真はその大きさを比べたもので、大きいほうは小さいほうの2倍もあります。さすがに、こちらを選ぶには抵抗を感じる大きさです。もしかしたら、西欧人向けなのでしょうか。

ごく大雑把な数値を示しておきますと、わが国では横幅が50センチメートル程度、縦は30～40センチメートル程度が好まれています。

ホテルの大・小枕

大きさもさることながら、枕の高さも重要な要素の一つです。「枕を高くして寝る」は「安眠法」の代名詞のように使われます。『世間知らずの高枕』という題名の小説があり、こちらも「知らぬが仏」というような意味を表しています。世間の俗事にもとらわれず、何の心配もなくのんきに暮らしている人を皮肉ったいい方です。

いずれにしても、枕の大小、高低ともに科学的根拠は手探り中といわざるを得ません。今なお、多くの研究者が枕の最適サイズついての研究を続けているのが現状です。結論めいたことをいうなら、人体サイズに呼応した大きさと高さを選択するのが無難だといえるでしょう。要は、適度の大きさと高さには個人差があり、その体型によって選択すべきだと考えられます。

15 多様なサイズから考える理想の枕

「枕難民」あるいは「枕ジプシー」という言葉があるのをご存じでしょうか。これは必ずしも自分の贅沢のために次つぎと枕を替えてみる人を指しているわけではありません。いろいろと試してみても、思うようにならず、よく眠れなかったり、悪くすると肩こりが治らなかったりする悩みを抱えている人を指しています。安眠を目指すどころか、それ以上の悩みを抱えているケースもあるのです。

また、旅行の際などによく聞く、「枕が変わると眠れない」という人がかなりいます。実際、環境が変わると寝つきが悪いのは、どなたも経験があるはずです。しかし、その元凶を「枕のせいにする」というのはどうでしょう。

このようなケースで、まず取りざたされるのが前項で示した枕の高さの問題です。一言で、それぞれの好みに合った高さという無難な回答にしましたが、もう少し問題点に迫ることにしましょう。

次ページ上図は、枕の高さが人の体格によって変わってくるというデータです。一般的には体の大きい人、つまり頭の大きい人と言い換えていいかも知れませんが、それに比例して枕の高さも高くなるといえそうです。おおよその目安は、体格に応じて、高さは5～9センチメートルくらいの開きがあります。

このことを裏付ける理由があります。

次ページ下図には、枕の高さと脊椎の関係を示し

枕の高さと体格の関係

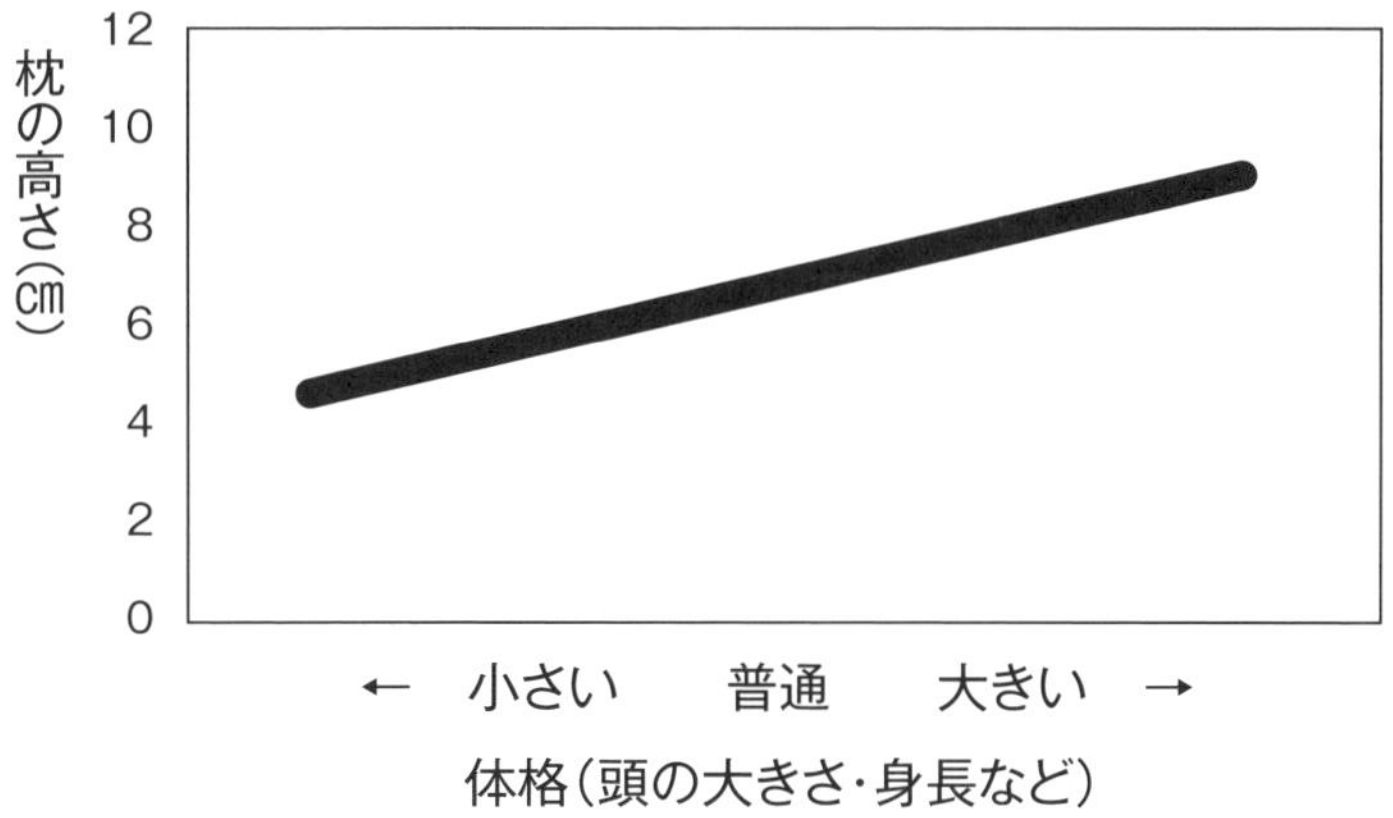

枕の高さと脊椎（頸椎）との関係

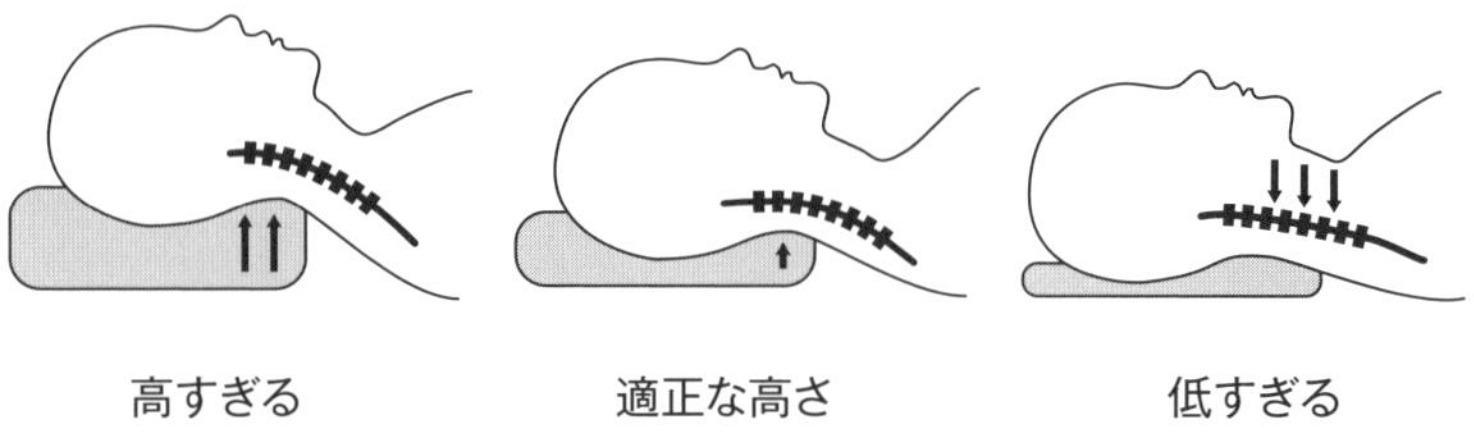

枕の高さと脊椎（頸椎）との関係ー横寝の場合

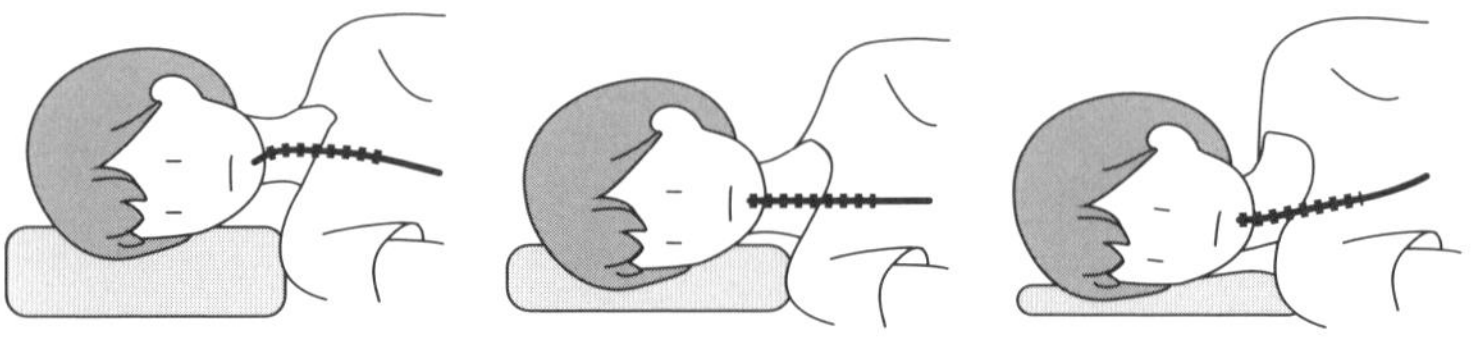

高すぎる　　適正な高さ　　低すぎる

ました。左は枕が高すぎるケースで、脊椎の上端の頸椎に大きな負担がかかる状態を示しています。真ん中が適正な高さのときの頸椎の状態であり、立っているときと同じ自然なカーブを描いています。右は低すぎる場合で、頸椎が伸びてしまって不自然な状態になります。

上図に示したとおり、横向きに寝る場合も同じようなことがいえます。左は枕が高すぎるケースで、頸椎が山なりとなって負担がかかります。真ん中が適正な高さの場合で、横から見た頸椎は水平になります。右は枕が低すぎる場合で、頸椎が下向きに曲がる状態となって、負担の原因を招くことになります。

このように、「高枕がよい」という通説が必ずしも「正解」というわけでなく、枕には適正な高さが求められることになるのです。

Column

好みの枕が選べるホテル

ホテルにとって最も重要な機能は、お客に安眠を提供することです。一般住宅では「リビング」という言葉が存在するとおり、「生活や生きること」が主機能と直結しますが、ホテルの部屋は「寝室」であり、寝ることが主体の設計になっています。当然のことながらホテルは、寝室としての最大限のサービスを目的に、部屋自体だけでなく寝具類への配慮も払っています。その中で、特に枕にこだわりをもつホテルも存在します。ロビーに「7、8種類の枕」を並べ、「お好きな枕が選択できます」というホテルが実在しているのです。枕の高さ・大きさ、柔らかさ、芳香性などや、形状の変わったものの中から、自分本位の好みで選べることが好評のようです。

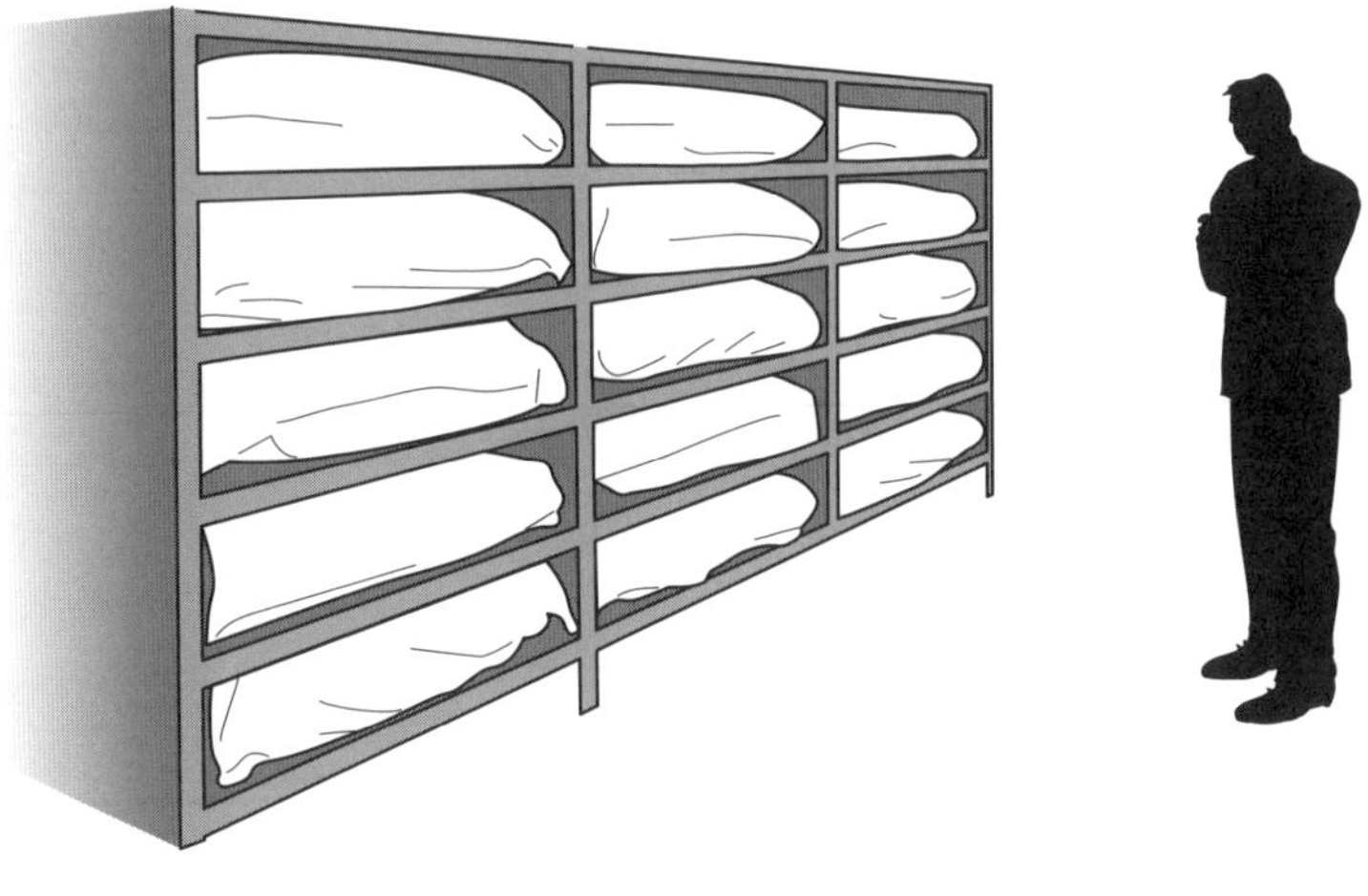

16 枕の素材として柔らかさ・通気性を追求すると

安眠のための枕について視点を変えて考えてみることにします。

枕のサイズについては、同じ大きさでもその柔軟性や通気性、また保温性といった観点からの分析が必要となります。例えば、通気性が良いことで頭を冷やし睡眠効果を高める、と考えられています。

次ページの表には、これらの要素の基礎となる主要な材料について天然材料と人工材料とに大別し、それぞれについて細分類してみました。

天然・人工の素材ともに共通して通気性が良いものは、素材どうしに空間が確保されやすいという性質があります。逆に、密着度の強い素材は通気性が悪く、熱がこもりやすくなります。しかしそれが理由で、反発力や弾力性に関しては、よりやわらかで心地よく感じるものもあります。

日本で古来より使われていたそばがらは、枕の素材としては広く利用されてきたものです。そばの実の殻を乾燥させたものであり、通気性・吸湿性ともに優れています。触ってみると重量感があり、硬めのところが人気の秘密かも知れません。

籐を編み込んだ「籐のまくら」も古くから使われています。素材はメッシュ状であり、通気性が良く清潔、手入れが簡単です。しかし、太い籐の場合は弾力性が無く、初めての使用では硬く感じる場合があり、睡眠を阻害するケースもあります。通気性だけでいえば中空状になっている籐の枕が良いともい

材料からみた枕の多様性

	材料	特徴など
天然	そばがら	通気性や吸湿性に優れる。余分な熱は外に逃がす。
	羽毛･フェザー	水鳥の羽根から採取。洗通気性が良く、吸湿・保温・発散性に優れるが天然素材なので高価。
	ヒノキ	天然ひのき素材であり、独特の匂いが癒し効果となり眠気を誘う。
	エステル(綿)	エステル繊維の中に空洞が空けられた素材。繊維が絡みづらく、綿ぼこりも出ずらい。
	ウール	羊の毛。一般的に、球状に加工され復元力が高いが熱が籠りやすい。
	ラテックス	天然ゴムで、一般的に高反発枕に使われる。柔らかさと高い反発力、通気性が良い。
	シルク	蚕の繭（まゆ）をわた状にして作られる。吸湿性が良く繊維が長いがへたり易い。
人工	パイプ、ストロー	通気性が良い。耐久性が良く素材の寿命も長いが半面、人工材料のためゴツゴツ感がある。
	ポリエステル	わた状の人工繊維。使用しているうちに、弾力性が失われる。
	低反発ウレタン	低反発で力が分散される。寒いと硬くなり、熱いと熱がこもりやすく蒸れる。
	空気枕	ビニル素材の中に空気を入れ膨らませる。携帯性に優れるが、ビニルが湿気を通さないため蒸れる。

えますが、硬さが気になるところです。

天然素材の「パンヤの木の種子」から作った枕は、吸湿性が高く、頭になじむ独特な柔らかさが特徴です。しかし、使い続けるとへたるため、頻繁に干す必要があります。すこし変わった天然素材では、ラクダの毛を使った「キャメル」があります。吸湿性・放湿性ともに優れ、復元力が高い反面、砂漠地帯の寒暖の差に適応できるような毛質のために熱がこもりやすい、と考えられます。

人工素材では「ビーズ」でできた極小のビーズで粒の素材の枕があります。独特の触り心地でクッションなどにも使用されますが、こちらも熱がこもりやすい性質があります。枕の反発力も柔らかさを変える要素となります。やはり天然素材の羽毛がトップクラスでしょうか。「通気性抜群」を謳う枕の多くは、内部の素材どうしの空間があるものが多いといえます。

17 枕の形状から見える好みの違い

たかが枕、されど枕というべきでしょうか。これほど生活に密着して、しかも何百年、何千年、いやそれ以上にわたって人類が研究開発してきた品物でありながら、いまだに決定的な形さえ決まっていない品物といわざるを得ません。もちろん、専門メーカだけでなく、ベンチャー企業もまた個人的な興味から、種々の工夫を続けられている物品ともいえるでしょう。

ここでは、形状の違いについてみておきましょう。図には、様々な形の枕の中から、代表的な10種類の形状を一覧として示しました。

この中でも、標準型としての長方形のものが定番といえますので、かなり多くの方々はこの形状のものを選択していると推定されます。

当たり前といえばそれまでですが、横長になっているのは、睡眠中に寝返りを打つからでしょう。そのことに注目すれば、これらすべてが横長ということに共通性があります。標準型といったのは、これが枕の原型とも考えられるからで、その他のものもすべてこの原型からのバリエーションと考えてよいでしょう。

本来、枕の価値は「実用性」にあるので、その形状から恰好の良さや見た目のデザインで選ぶべきではないでしょう。一度、寝入ってしまえば、枕のデザインや色のことなど意識できないわけですから…。

枕の形状

標準タイプ（長方形）	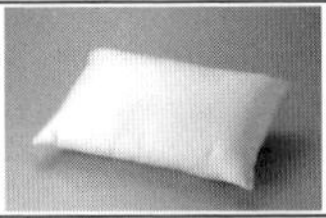	ユニット型	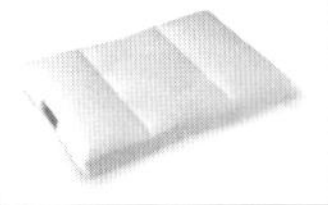
長方形（長細型）	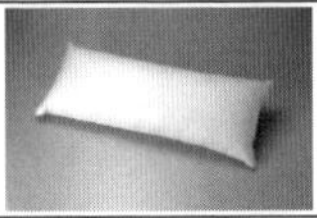	中くぼみ型	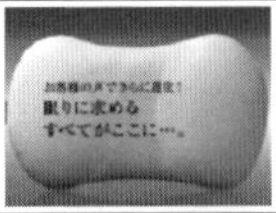
円柱型		瓢箪型	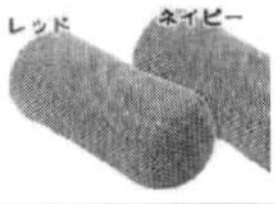レッド ネイビー
かまぼこ型		中空型	
波型		穴あき型	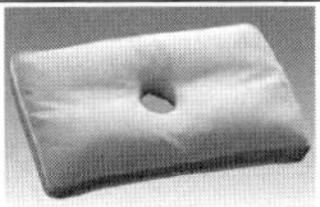

この図の中で特別に変わったものといえば、中央部にへこんだ部分を有するものや、ドーナツのような空洞をもっているものがあります。ちょうど、後頭部がぴったりとフィットするようにという、デザイン目的があると考えられますが、寝返りのときにはやや不便かと、いらぬ心配をしてしまいます。

また、波形をしているタイプがあります。これは、後頭部から首筋にかけての人体形状に合うように設計されたと考えられます。ただし、どちらを後頭部に合わせるかという点が決まっていないようで、人によっては首の部分を高くする使い方もあります。確かに、首筋は後頭部よりへこんでいますので、こういう使い方も理屈に合った使用方法と受け取ることが可能です。

枕の形状には
本当にいろいろな
ものがあって、
人それぞれいろいろな
好みがあるんだね！

18 糸川博士は自作枕を6つも持っていた

糸川英夫という人物をご存知でしょうか。

博士の専門は航空工学、宇宙工学であり、日本の誇るすぐれたエンジニアの一人です。κ（カッパー）型と称されたペンシルロケットの開発者であり、「日本の宇宙開発・ロケット開発の父」と呼ばれていました。その才能は日本の航空宇宙工学の発展だけに留まらず、バレエや占星術、チェロ、ヴァイオリンなど様々な分野の趣味を持っていたことでも有名です。

著書、『驚異の時間活用術（ＰＨＰ文庫）』の中では、「平生、いい仕事をしている人は、かならず上手な睡眠をとる工夫をしている。睡眠効率を高める努力をしない人は、ロクな人生を送らないといっても決して過言ではない」と言い切っています。また、「他人より少しでも有効に時間を使おうと思ったら…中略…何かの道具なり仕掛けが絶対に不可欠である」と記しています。

日常の生活を振り返ると、睡眠不足時の会議ほど身が入らないものはありません。十分に睡眠が取れている状態であれば、学生の頃の授業でも、会社の会議や電車の中でもそんなに眠くなることはなく、眠気に襲われることなく物ごとに集中することができます。博士の著書の中ではそれらを鋭く指摘しています。

では、その工夫とは一体どんなことだったのでしょうか。彼は「快眠はまず枕から」と記していま

糸川博士の枕の工夫

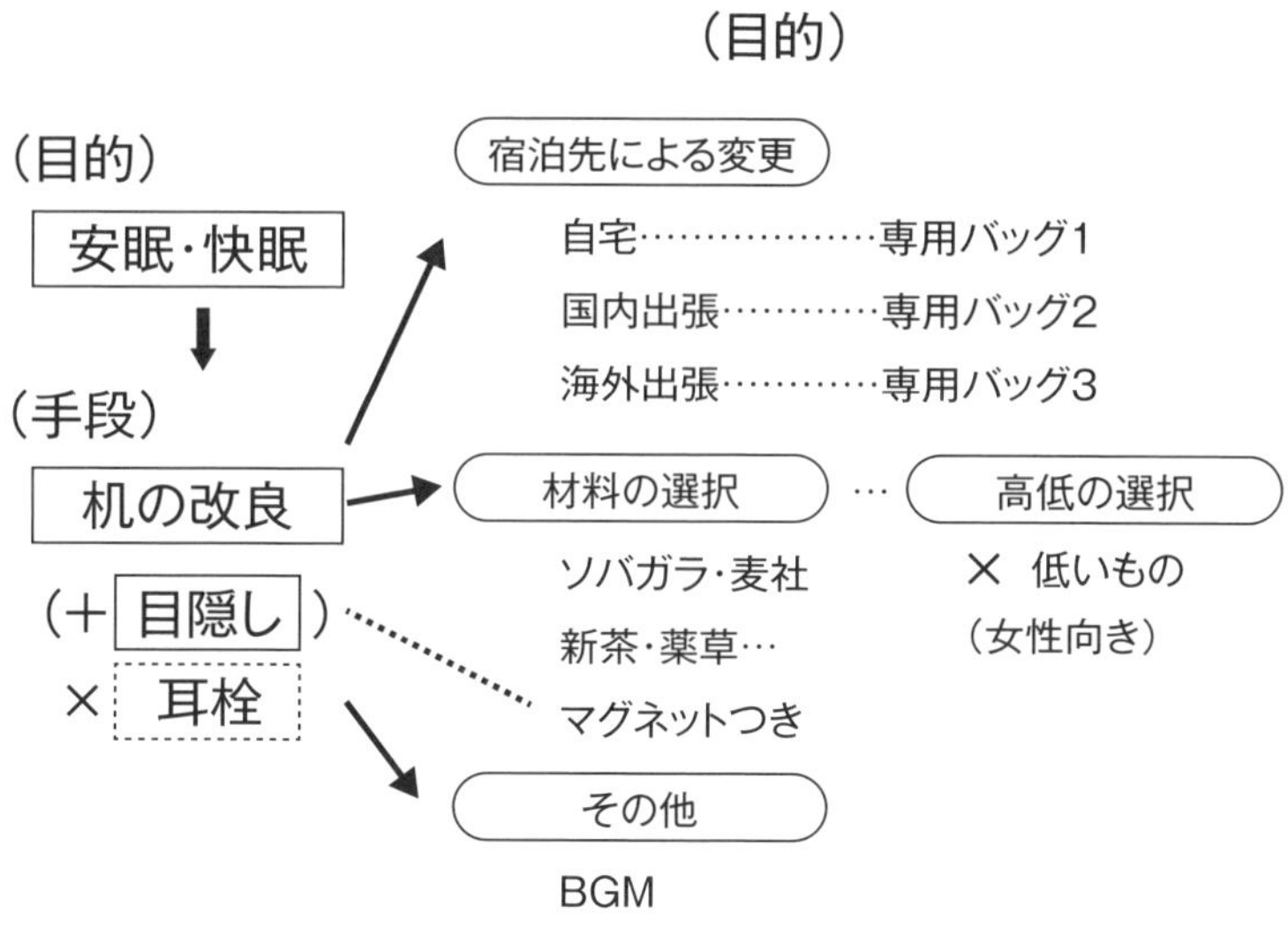

す。自分が一番よく眠るための方法は自分で探して工夫し、自分で作りだすことが良いというのです。彼は自身の枕を何年もかけて研究していました。エンジニア気質をもとに物ごとを追求し、そのうえで職人気質ももっていたのでしょう。

行きついた先は既製品に見切りをつけ、自身で作った6個の枕となりました。素材は、そば殻、麦茶、新茶、中国産の薬草など用途に応じて使い分けました。海外旅行先や国内旅行先にもそれぞれを分担して使用したほどのこだわりようです。

さらに、枕と一緒に「アイマスク（目隠し）」を使用しました。これにはマグネットを2個ずつ縫込み、ちょっとした光も入ってこないよう木綿を入れる工夫がされていました。これは目を冷やす効果とマグネットの効果で目の疲れをできるだけ取り除くことを意図していたのです。

それでは頭や目冷やすことが睡眠とどのような関

係にあるのでしょうか。四字熟語の「頭寒足熱」ということばがあるように、「頭を冷やし、足を暖めることで、よく眠れ、健康によい」と昔から言い伝えられてきました。

科学的には脳は興奮するとその部分の血管が拡張し、血液を流入させることが知られています。

これらの事実は、医療機器のスペクト(SPECT)やポジトロンCT(PET)などで、脳の働きを調べる機能的検査により可視化されるようになってきました。これらの測定技術により、やはり頭を冷やすことで血流量を低下させ、脳や目の機能を下げることが深い睡眠と関係することがわかってきました。

現代の睡眠ポリグラフなど、眠りの深さを測る機器などが簡単に手に入る現代だったら、科学的根拠を元に博士自身の眠りの実験は、さらに広がりを見せていたかも知れません。

枕に個人的にいろいろな
工夫をするなんてとても
おもしろい試みだね

Column

『枕草子』から「ピロー・サイド・パソコン」へ

清少納言が書いたとされる『枕草子』は、「春は曙」から始まる我が国の国宝的な古典でもあります。この書名の起源については諸説がありますが、中でも有力なのが「枕元においた冊子で、寝ている間のアイデアを書きつけた備忘録」という説が有力です。確かに、寝ている間には夢を見ますし、もしかしたら夢は頭脳のデフラグか、と書きました。ということは、頭脳が休息している間に記憶の整理をすることを意味しますので、ふと目覚めたときに「思わぬアイデア」が浮かぶこともあります。

しかし、このときにメモにでも書きつけておかない限り、朝起きたらまた忘却、ということもなります。『枕草子』がそうであったように、現代ではノートパソコンやスマホという「現代文具」を使い、思いついたことを書きつけておけば、その機能が果たせます。じつは、本書の原稿の中には、朝起きたときに枕元にあるパソコンにメモとして入力したものがいくつかあります。これまで、『枕草子』は意識してなかったのですが、現代文具となって「ピロー・サイド・パソコン」に変身している、と感じた次第です。

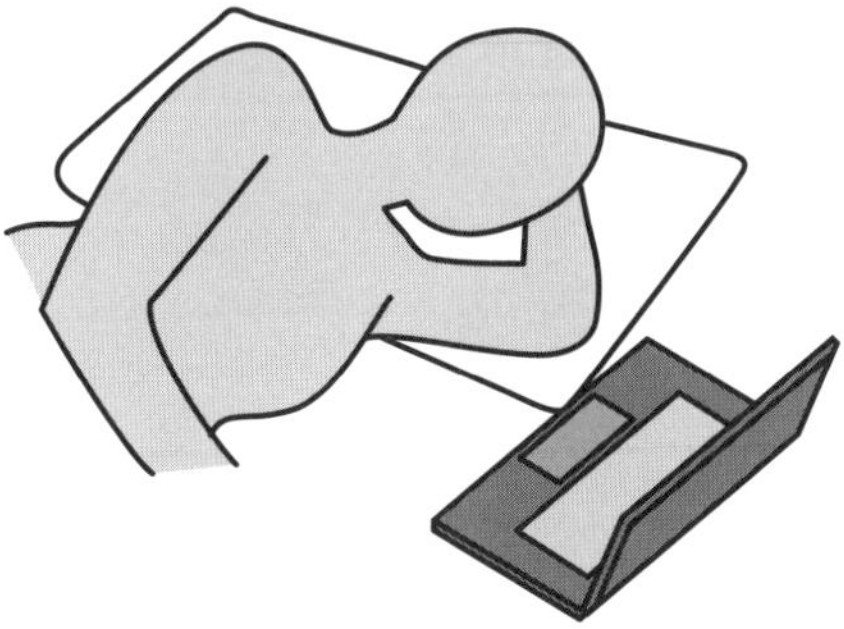

19 多角形枕に合理的な安眠の方向性を探ってみると

安眠を目指して、合理的な形状や材質なども含め、多彩な枕の製作の試みが繰り返されています。通常の長方形から逸脱して、多角形に作り上げられたものも市販されています。写真は、多角形に構成された枕の一例です。

この枕の目指す根底、すなわち多角形にした理由には、上向き、左向き、右向きのすべての姿勢において安定性を保つということがあり、その思想が貫かれています。それを実感するために、1カ月ほど連続使用してみました。確かに、使い始めだけは、不慣れなため、やや違和感があるというのが実情でしたが、慣れるにしたがって、快適さを感じるようになりました。

その理由の一つは、内部構造にあります。図には内部の形状を示していますが、三つの山と二つの谷から形成されています。

通常、上向きに寝る時には、中心の山の上に後頭部が当たることになります。次に、右側に寝返りをうつと、右側頭部が右の山の上に移動するようになります。さらに、左側に寝返りをうつと、左側頭部が山にフィットするのです。このように、すべての状態で頭部の形状と枕の形状が自然な状態に保たれることとなるわけです。

この多角形枕には、もう一つの工夫があります。それは、枕カバーに2つの保冷剤が封入されていることです。この保冷剤は、前記の2つの谷の位置に

多角形枕の概観

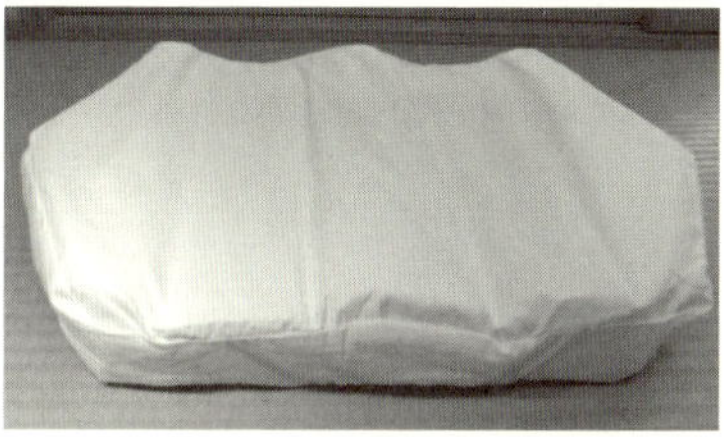

多角形枕の内部構造

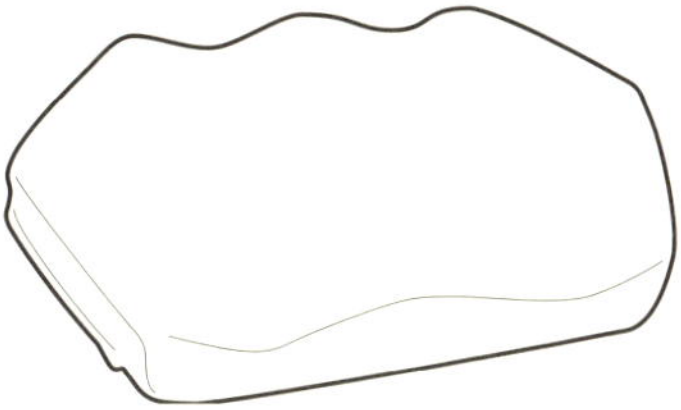

配置されています。この位置が重要な要素であることもわかります。というのは、上向きの寝方の際には、２つの保冷材がちょうど左右の首筋に当たるようになっているからです。また、右向きのとき、左向きのときともに、どちらかの保冷剤が一方の首筋に当たるようになっているわけです。

保冷剤の効果効能ですが、これは頭寒足熱の原則に合致していますので、安眠のための基本要件にも適合することになります。

もう一つあります。多角形の意味ですが、単なる長方形でなく、左右に飛び出た形状になっています。これは、横向きのときに頭部の形状に合うように設計されたと推定されます。

このように、いわば「安眠枕」ともいうべきものでしょうが、いくつかのアイデアが入った商品として注目されます。

20 特殊枕の効用・ご利益を考える

人が二本脚で歩くようになるまでは、四足歩行していた時代が長く続きました。ということは、寝る姿勢もうつ伏せ寝というのが自然な状態だったと思われます。

したがって、現在の通常の寝方は、サルからヒトへと進化したときに始まったわけです。

先祖返りという言葉が存在しますが、うつ伏せ寝は四足歩行の時代の名残と考えることが可能です。しかも、生物の長い歴史からすれば二足歩行の時代は、ごく短期間という見方ができます。事実上、四足歩行の時代が数億年なのに、二足歩行の時代は、400万年程度にすぎません。したがって、うつ伏せ寝は先祖返りというより、こちらが本来の姿という理論も成り立ちます。実際、呼吸状態が悪い患者をうつ伏せ寝にしたところ症状が改善したという事例も発表されており、うつ伏せ寝の効用を説く医師もいます。人間の内臓は四足歩行に適合しているというわけです。

とくに、生まれたばかりの赤ちゃんのケースでうつ伏せ寝するケースが多いことを考えると、四足歩行の時代と同じであり、一理あるという理屈が成立します。

うつ伏せ寝健康法というテーマには、一長一短があることも事実ですが、ここではうつ伏せ寝の場合の枕について、焦点を絞ることにします。

次ページ上図に、うつ伏せ寝用の枕の例を示して

うつ伏せ用枕の例

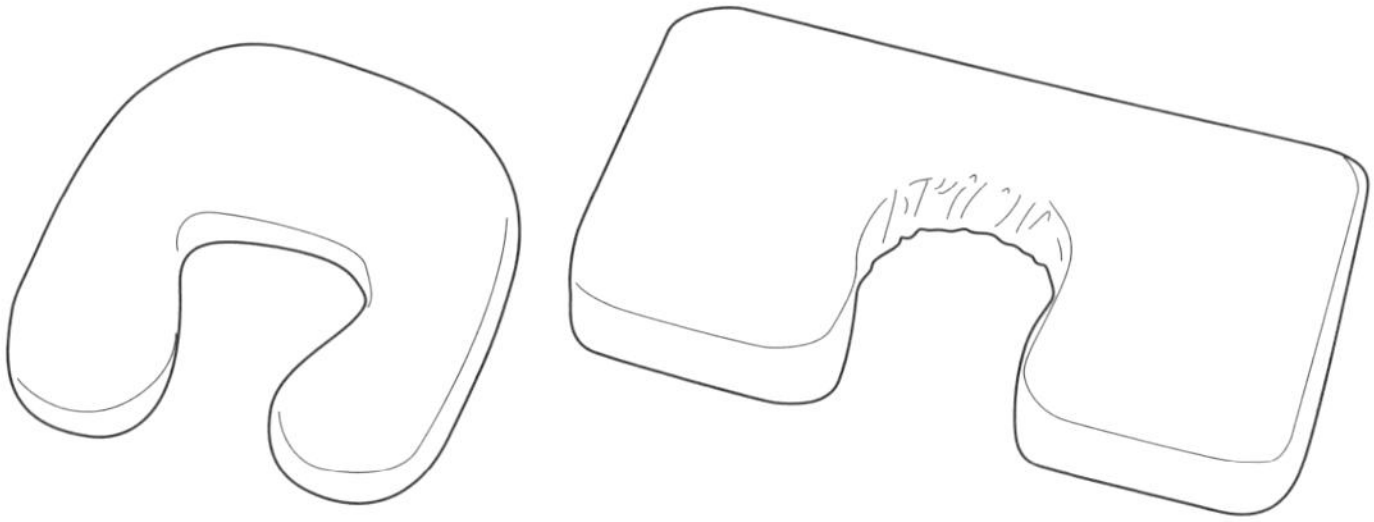

抱き枕のイメージ

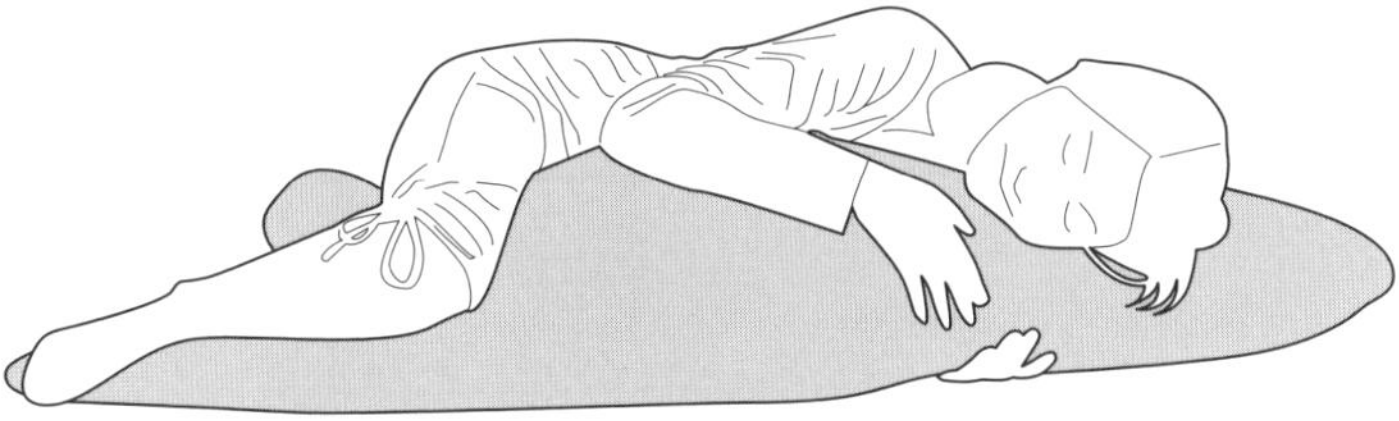

あります。

この例では顔、または横顔の当たる部分が中空になっています。当然の理由ですが、この部分がないことにより呼吸がしやすくなるという効果を狙っています。

さらには、この状態のほうがリラックスできるというもので、副交感神経が休まるというメリットが挙げられています。

うつ伏せ寝用の枕は、そのまま横寝の際にも使えます。ただし、横寝の場合、抱き枕という特殊なものも存在します。

前ページ下図に抱き枕のイメージ図も示しておきます。まずいえるのは、これまでの通常の枕が物理的な形状や素材という理由から使用されるのに対して、抱き枕は主体が心理的な理由におかれているという違いがあります。

一番の効果とされるのは、リラックス感とか「癒される」というものです。ところがそれだけでなく、横向き用の寝具としての役割も果たしているわけです。こちらの機能が「横向き用としてのサポート」にあります。

なぜかというと、横寝の場合、体全体のサポートが不安定になりがちですが、ここに抱き枕のメリットが出てきます。つまり、サポートがなければ、腰や肩に局所的な負担がかかりますが、抱き枕のサポートにより体全体への負荷となるので、リラックスには最適というわけです。

実際、一つの面白いデータがあります。WEBでの検索エンジンで調べてみると、一般の「枕」には及ぶべくもありませんが、「抱き枕」の件数が膨大な数に上っています。それだけで「人気がある」とは断定できませんが、少なくとも「抱き枕」に関して興味を持っている方が多いという一つの証拠でしょう。

21 医療目的の枕はどんな効能があるのか

肩こりをはじめ首筋のはりなどの症状を抱える人のために、寝ている間に症状の緩和を図る目的で開発された枕があります。一番ポピュラーなのは磁気を利用した枕で、磁気のかけ方によりいくつかの種類があります。

次ページの写真は交流磁気を利用した枕で、法律上の「医療機器」として厚生労働省の承認を取得しています。枕表面での最大磁束密度は、50Hzで使用した場合80ミリテラス（mT）で、60Hzで使用した場合66ミリテラスとなっています。この枕に埋め込んであるのが創健社製の電気磁気治療器「ソーケン」で、次ページにその外観と交流磁気が出ているイメージを表現しています。実際には、双極となるN極とS極が1秒間に50回または60回の頻度で交互に入れ替わるような磁気が発生していると考えればよいでしょう。

交流磁気は体内へも入り込み、例えば首筋の筋肉に作用します。実際には、筋肉を構成する生体細胞を刺激することになります。この刺激により、細胞自体が活性化しますので、人体深部まで血行を良くする働きがあるわけです。血行改善はこりなどをほぐすことにつながることになります。そのうえ、磁気そのものの刺激は感覚としては不感なため、就寝中も安心して使用することが可能となります。

では逆に磁気そのものは見ることも感じることもできませんので、その効果はどうしてわかるかとい

交流磁気枕の例

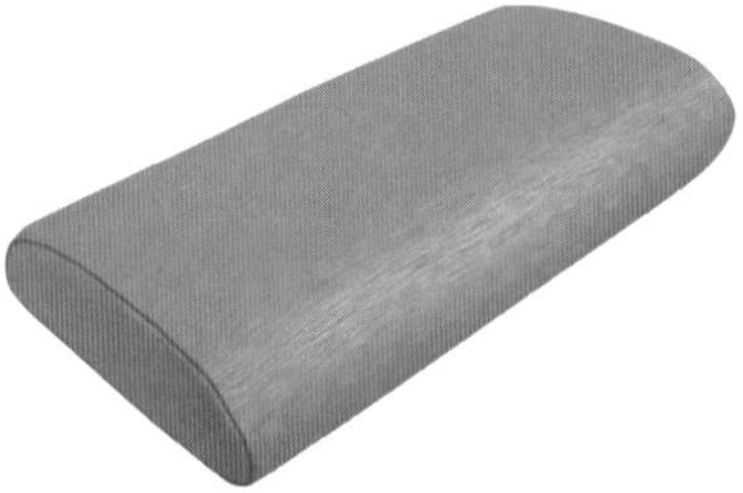

「ソーケン」の交流磁気のイメージ

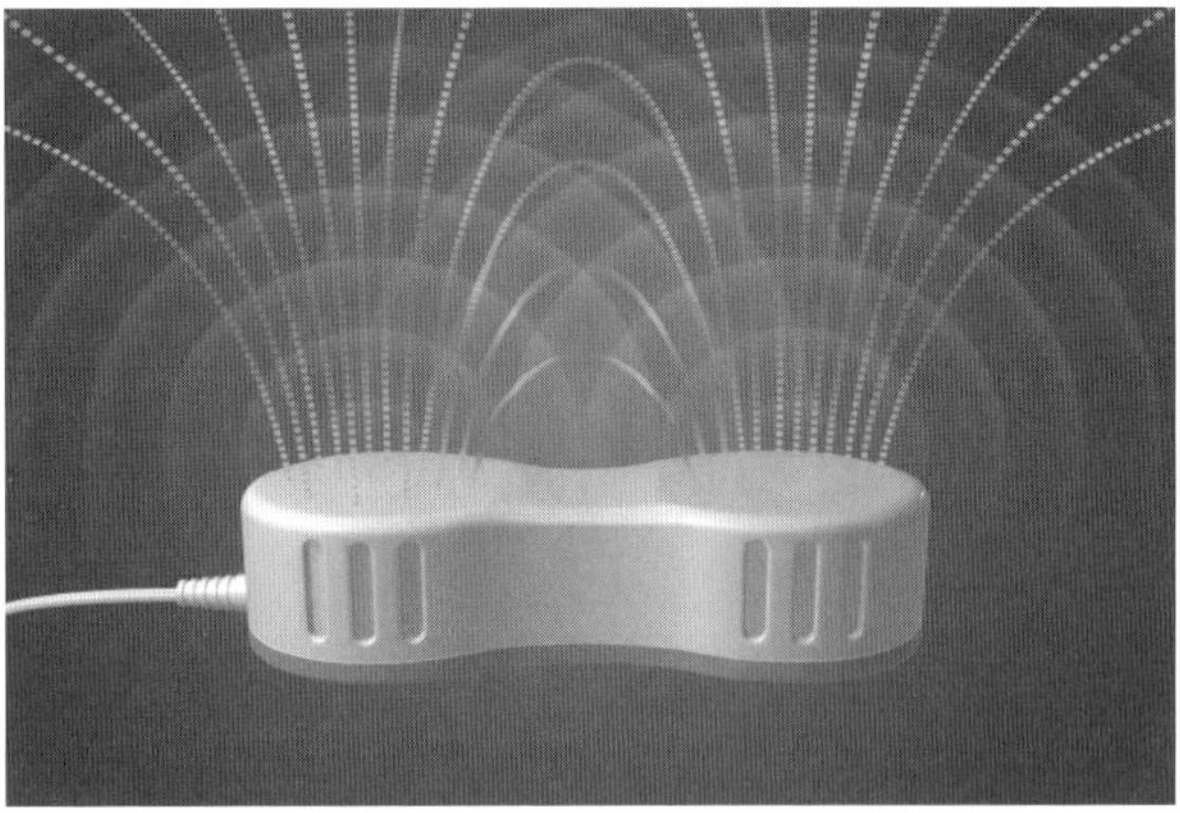

日本工業標準規格で規定される磁気治療器の磁束密度

規格名	磁気の種類	最大磁束密度（単位：ミリテスラ mT）
家庭用永久磁石治療器	直流	35mT 以上 200mT 以下
家庭用電気磁石治療器	交流	35mT 以上 180mT 以下

永久磁気枕のイメージ

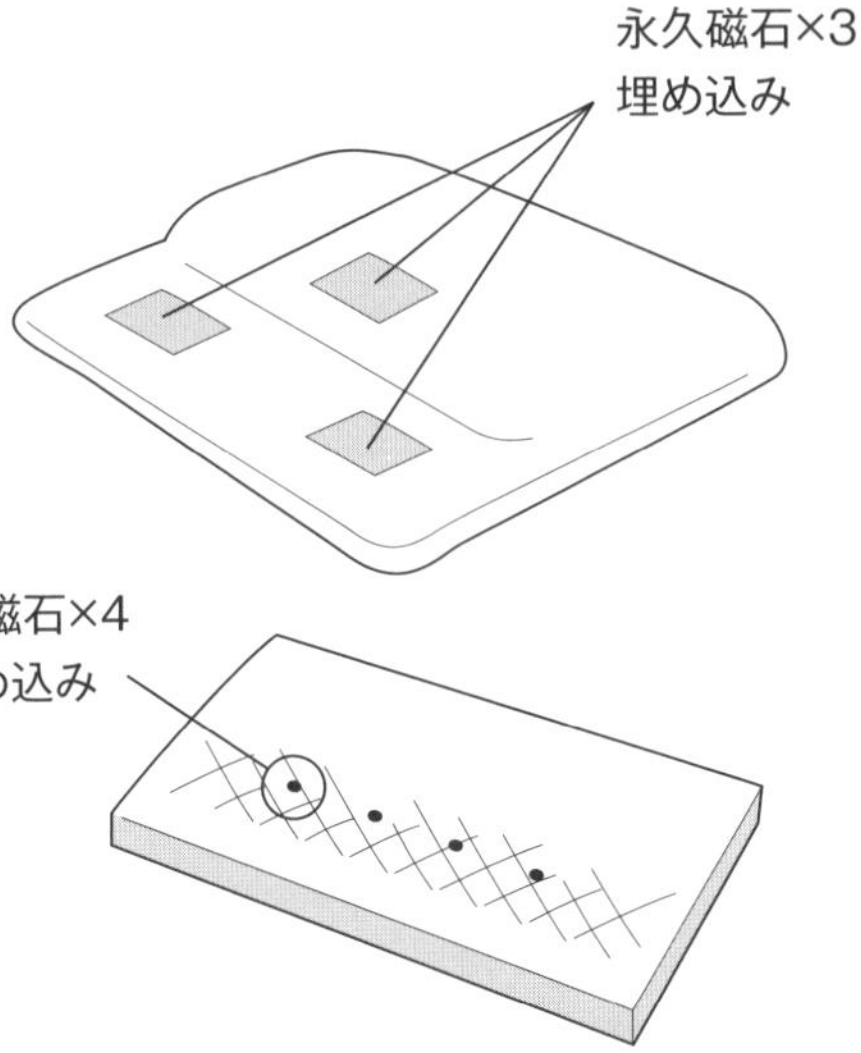

うことになります。例えば、血行改善によりその部位の体表温は上昇するので、わずかながらその効果を実感することが可能となります。もちろん、サーモグラフィーという装置を使って体表温の変化を見れば、使用前と使用後の温度変化が色別に表示されますので、科学的にもその効果の証明ができるようになります。

上図には、永久磁石を埋め込んだ磁気枕の概観例を示してあります。この場合は、前例の交流磁気ではなく、直流磁気による刺激となります。

なお、交流・直流とも最大磁束密度は、日本工業規格（ＪＩＳ）により規定されています。右下表に両者の数値を示してあります。この数値は被検者に対する効果効能の面と安全性の面などから決められています。

Column

枕石漱流（ちんせきそうりゅう）×漱石枕流（そうせきちんりゅう）

「枕石（まくらいし）」とは、川原や浜から持ち帰って、死者の枕もとに置く石です。埋葬後は戒名を記して墓の上に置く、というのが本来の意味です。

「枕石漱流（ちんせきそうりゅう）」という四字熟語は、中国の故事に起点があります。こちらは、世間から離れて山奥で自由に暮らすことのたとえで、隠者の生活を表しています。社会とは縁を切り、世の中から姿を消すことで、ある意味「死者」のように忘れ去られたいという願望が含まれています。石を枕として寝起きし、川の水で口をすすぐ、というわけです。

ところで、「漱石枕流（そうせきちんりゅう）」という四字熟語もあります。中国・西晋（せいしん）の孫楚（そんそ）は、「石に枕し、流れに漱（くちすす）ぐ」というべきところを、誤って「石に漱ぎ、流れに枕す」といってしまったとのことです。このミスを指摘されると、「石（川砂？）で漱ぐのは歯を磨くため、流れに枕するのは耳を洗うためだ」といってごまかしたのです。

これは、夏目漱石の雅号「漱石」の由来として有名です。というのは、こんなバカげた詭弁を使う「頑固者」「負けず嫌い」の話を知って、かなり気に入ったといわれています。これほど面白い話なら、自分のペンネームには最適だと考えたようです。

さらには、「流石（さすが）」の語源ともなりました。やはり、この話がもとになっているわけですが、「漱石枕流」という四字熟語の中から選ばれました。流石をして「さすが」と読ませるようになった経緯がよく理解できます。

第3章

快眠をよぶ
布団へのこだわり

22 布団の歴史は、我が国の文化史そのものと重なる

今でも「布団」という漢字が当てられていますが、もともとこれは純然たる日本語であり、最初は「蒲団」という字が当てられていました。なぜかというと、植物の蒲（がま）を乾燥させたものを円形の敷物に編み上げたからです。

蒲団の団という字は、丸いという意味であり、後にはそれに包って寝たことから蒲団といわれました。その後、ガマの代わりに布が用いられるようになったことから「布団」という文字があてられるようになったのです。

さらにそれ以前の古代に、日本の布団の原型は「筵（むしろ）」とよばれ、藁（わら）やイグサ、萱（かや）、稲、蒲などの草で編んだ簡素な敷物でした。奈良時代には縁取りをし、これが畳の原形へと展開してゆきました。

また、布団は掛け布団と敷き布団に分けられます。掛け布団に当たるものは「衾（ふすま）」と呼ばれていました。「臥す裳（ふすも）」つまり「寝るときの着物」が語源となっています。現代の間仕切りとしての襖（ふすま）は、敷き布団の素材に枠をつけて建材として使用するように変化していきました。一方、敷き布団のほうは、褥（しとね）と呼ばれていたのです。

江戸時代には、掛け布団は夜着（よぎ）とも呼ばれ、肩が覆われる着物のような特徴的な形をしていました。綿の入った夜着は寒い地方で多く用いら

我が国の布団の変遷

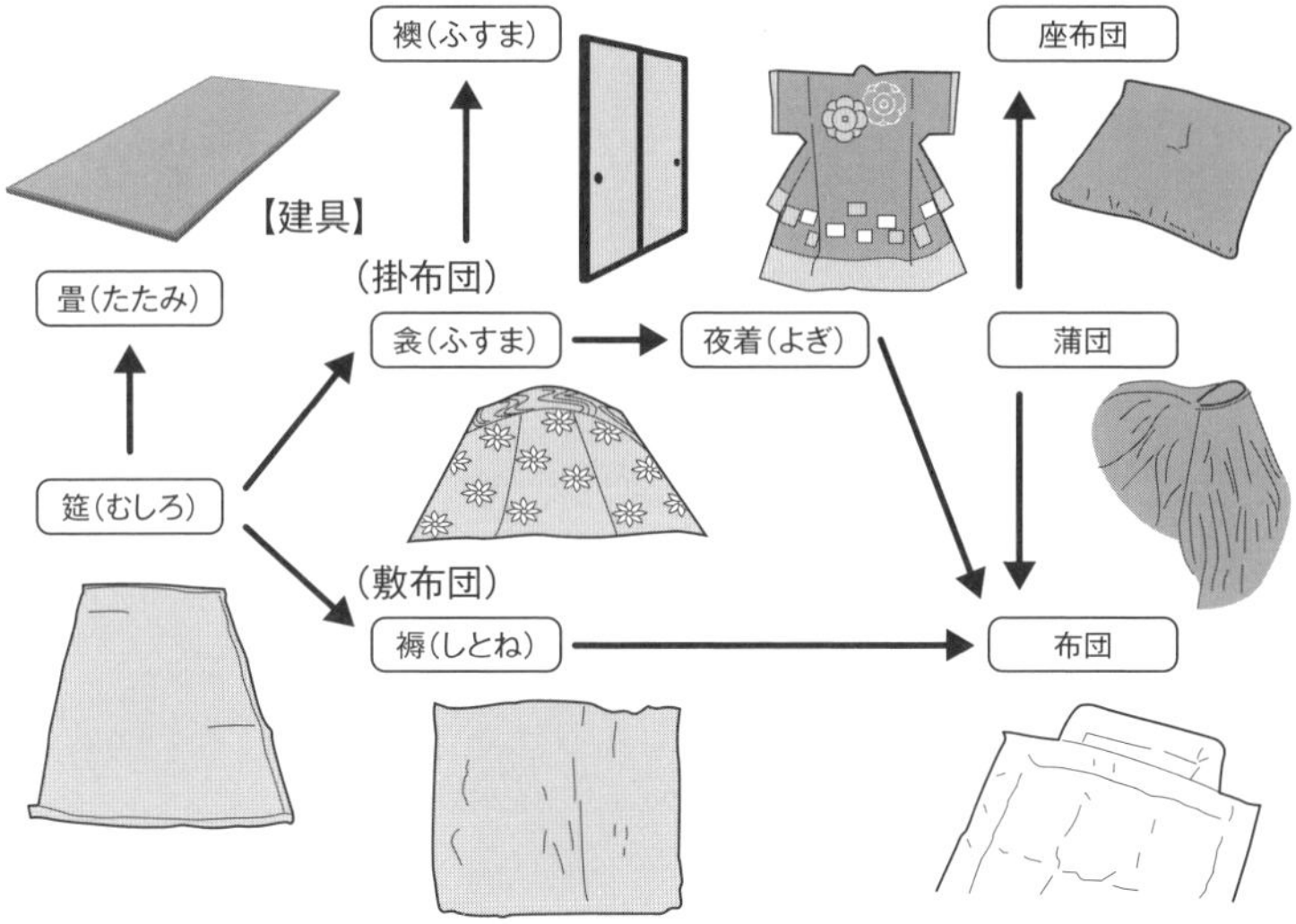

れ、昼は着物として、夜は掛布団として兼用されていたのです。絹は貴族が使用し、麻が入ったものは庶民に用いられました。木綿が麻より普及するようになると一般的な庶民の生活には木綿の衣類や寝具などが広がり始めました。

現在、日本国内で当たり前となっている寝具が一般的に広がり始めたのは、1900年代に入ってからです。上図はわが国の布団の歴史をイラストにして表したものです。呼称の変遷とともに、日本の布団にまつわる建具を見ると、日本人の布団に関わる壮大な歴史絵巻にも見えてきます。

一つだけ付け加えておきたいことがあります。この表に出てくることばは漢字で表されていますが、すべて日本語（和語）です。このことから、布団に関わる日本の「独自性」が明らかになります。布団こそ、日本古来の個性豊かな文化とともに変遷を遂げてきた、固有の存在といえます。

23 布団の種類の多さから、真の目的を探る

敷き布団、掛け布団ともに素材面から見てみると、それぞれの用途に応じた適正があります。

掛け布団としては軽いことが重要な要件で、その重さから解放されることにより快適な睡眠へと誘われます。つまり、重さゆえに体の凸部の毛細血管が圧迫され、しびれを生じるなどの問題が生じます。そのために人は無意識に寝返りを打つことになるのです。寝返りを打つこと自体は睡眠の原則の一つであり、基本的生理現象ともいえます。その動作によって、血流が滞らないように圧迫された部分を解放しているのです。

さて、軽い掛け布団の代表として羽毛布団や真綿布団などが登場しました。羽毛布団は、ご存知のとおり、水鳥を代表する鳥の羽でできた布団です。鳥は長時間空を飛び続けるため、また水の上では浮力を得るために自重を軽くする必要があります。その目的を達成するために羽根の軸は中空になっているのです。映画のシーンなどでもみられますが、古代のヨーロッパの絵には鳥の羽をペンとして使用している場面があります。これは羽の中空の部分にインクを満たして、ペンとして使用していたからなのです。この事実に目をつけたのが布団への応用であり、掛け布団としては最適の軽さが得られる理由です。

また、羊毛や合成繊維を掛け布団に使用するのは、とくに冬などには保温効果が得られるからで

布団の素材

素材	用途		特徴
	掛け布団	敷き布団	
羽毛	◎		水鳥の羽を原料とし、保温性が非常に高い。アイスランドアイダー羽毛は最高級品として約300万円のものもある。
羊毛	○	○	保温性、保湿性に優れ、体に馴染みやすい。蒸れにくく敷き布団にも、掛け布団素材にも向いている。
木綿	△	○	掛け布団はやや重い。従来から日本で使用されてきた素材。独特の硬さ・感触がある。
真綿	◎		蚕糸を原料とし、絹と同様に繊維が細く、長く、柔らかい高級品。軽く、吸放湿機能に優れるためオールシーズン使う肌掛けなどに適す。
合成繊維	◎		水、石油、石炭などが原料でポリエステルが主流。洗浄しやすく清潔に保てる。
低反発ウレタン		◎	体の圧力を均等に分散するため体が痛くなりにくい。特殊な加工が施せる。
水（温水）		◎	ウォーターベッド。マット内の水の浮力により体の凸部に対する圧力を分散させ、毛細血管内の血液の流れを妨げず、しびれが発生しない。防腐剤による手入れや温調器の故障などメンテナンスが必要。

す。これらも動物の毛の性質を存分に生かした、快眠のための利用方法の一つといえるでしょう。

一方、敷き布団は、とくに夏での使用時に冷却効果や湿気を分散させる用途のものが好まれます。その目的のために、日本では「ござ」が使われるなど、布団の下に「すのこ」を引いて通気性を良くするなど工夫がなされてきました。

特殊な敷き布団としてのウォーターベッドは、水温調節ができるために夏は涼しく冬は暖かくと、贅沢な寝具です。

その反面引っ越し作業の際には専門業者を呼ばないと運び出せない点や、防腐剤を入れるなどの管理が必要です。「快眠」を得るためには、涙ぐましい努力があることも現実なのです。

多種多様の敷き布団も掛け布団も、長い歴史の中で人類が快眠を得るために試行錯誤の末に生まれた道具であることに間違いありません。

24 布団の機能に必要な体圧分散の意義

布団の一番の機能といえば、言わずもがなの「安眠」というのが一般常識です。そのため、その機能を全うさせるための手段は何かが重要課題となります。

何はともあれ、布団の「柔らかさ」がどうなのかというのがテーマです。とはいえ、「柔らかければよい」というわけではありません。というのは、とくに敷き布団が柔らかすぎるケースでは、体全体が沈みすぎることによって、様々な問題も出てくるのです。

左上図には、敷き布団の硬さによる体重分散の違いを示しました。一番上が「柔らかすぎ」の場合で、腰や肩などが沈みすぎることによって、かえって体の一部分に負担がかかってしまう様子が示されています。中間の図が「適正な硬さ」の場合で、体重が分散して各部に適切な荷重となるため、快適な睡眠が得られやすい様子が示されています。一番下は「硬すぎる」場合の説明図で、身体の局部ごとに強いストレスがかかり、その部分に血行障害などが起こることになります。

極端な例を出してみます。病院の長期入院患者など、とくに自由に動けないケースでは、布団やベッドなどと触れる部分の皮膚が長時間にわたり圧迫され続けることもあります。この場合、血流が不足して皮膚や筋肉などの組織が壊死する状況をきたします。この状態を「褥瘡（じょくそう）」といい、い

布団の硬さによる体重分散のちがい

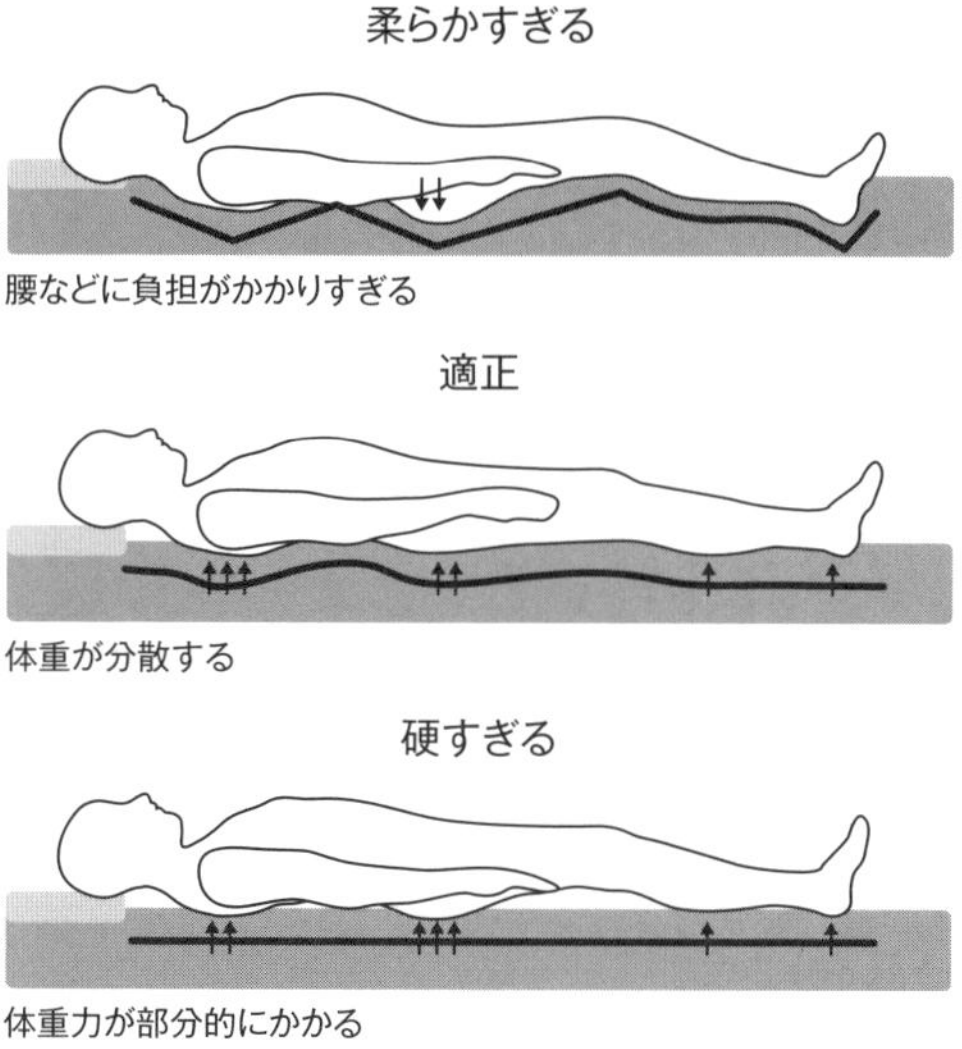
柔らかすぎる
腰などに負担がかかりすぎる
適正
体重が分散する
硬すぎる
体重力が部分的にかかる

わゆる「床ずれ」の重症化した症状を呈するわけです。

健康人なら自力で寝返りを打てるため、ときどき無意識でも体重移動を行っており、これが睡眠中の重要な動作として不可欠です。しかし、掛け布団が重すぎたり、敷き布団の硬さに問題があると、寝返りの頻度にも影響が出てきます。とくに、敷き布団が硬すぎる場合は、圧迫部分が多くなるため、無意識の寝返り回数も増えて、快適な睡眠からはほど遠くなります。

体圧を分散させることで集中的に血流が止まることを防ぐには、ウォーターベッドのような水の浮力を利用しマットを体に密着させるような寝具も有効です。しかしながら、水は重く、掛け布団としてはまったく不向きという制限もあります。

そこで、体圧分散という課題の解決は、硬さだけに依存しないという点も考えておかなければなりま

体圧分散のための布団などの表面

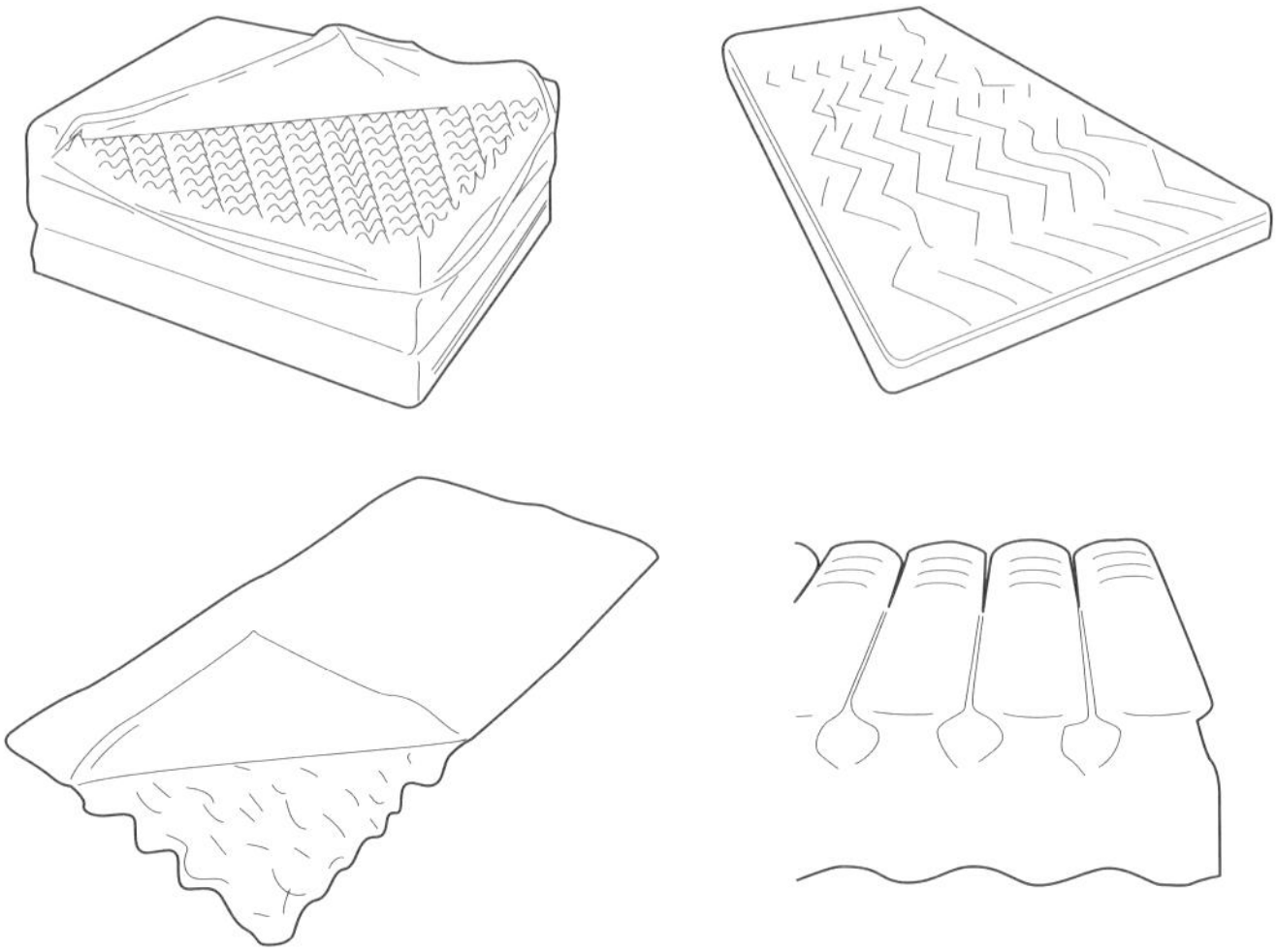

せん。

上図は、布団などの表面に凹凸などの工夫を凝らした例です。この例で示すように、体の一部分が接触する平面が多点で支えられるような構造にしておくと、局部的なうっ血などを避けることができるようになります。

布団自身の硬さだけでなく、表面の工夫によって良質の寝具が生まれるといえるのです。

つまり体圧分散というと、硬さだけではなく表面の形状が良い眠りを得るためには大きなポイントとなり、布団の素材だけでは、課題解決とはならないのです。もちろん、素材が重要であることはまちがいないのですが、どのような形状にするか、その加工のし易さも忘れてはいけないということでしょう。

25 布団に埋め込める治療器は、なぜ磁石だけなのか

下の写真は、疲労回復や、こり・痛みの軽減といった治療効果を目的とした磁気布団の概観を示しています。一般的なことをいうなら、通常の布団を使用した場合でも、適切な睡眠がとれれば、疲れの回復が望めます。しかしながら、より早い回復とか、より質の高い回復とかを望む場合、積極的な回復機能を持たせて、血行の促進を図るような工夫が必要となります。本製品の内部には、枕の項で記した電気磁気治療器が複数個埋め込んであります。この治療器は交流磁気を発するので、寝ている間に肩のこりをほぐしたり、腰の痛みを軽減するなどの効果が期待できます。

ここでこりはどうして起こるのかを整理しておき

磁気布団の概観

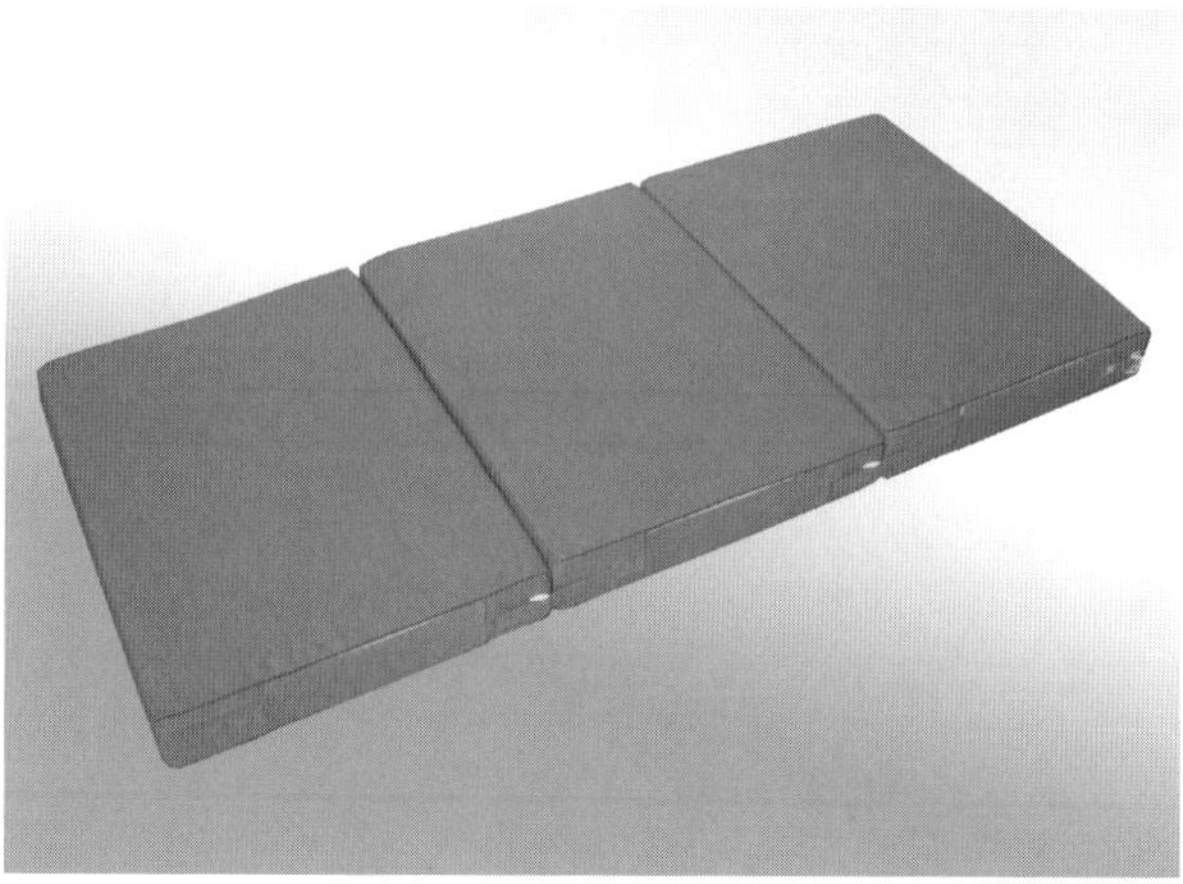

写真提供：ソーケン社

ましょう。下図には、体のこりが発生するメカニズムを示しました。

こりを発生させる元凶が血行不良であることはすでに示しました。その原因もいくつか知られていますが、例えば、運動不足、睡眠不足、血行不良を起こしやすい食事などがあげられます。こうした要因は、相互に悪影響を及ぼすことになり、血行不良→疲労・ストレス発生→筋肉の緊張・硬化→血管圧迫→（血行不良）という悪循環を起こします。この悪い流れをどこかで遮断することがこりの解消につながるわけです。

その解消法もいくつかあり、マッサージ、温熱療法、高電位治療、鍼、灸、湿布薬、経口投薬などがあげられます。

このほか、ここに示す電気磁気治療があげられるわけですが、就寝中に実行するのに適した方法は磁気治療が唯一、というわけです。

体のこりのメカニズム

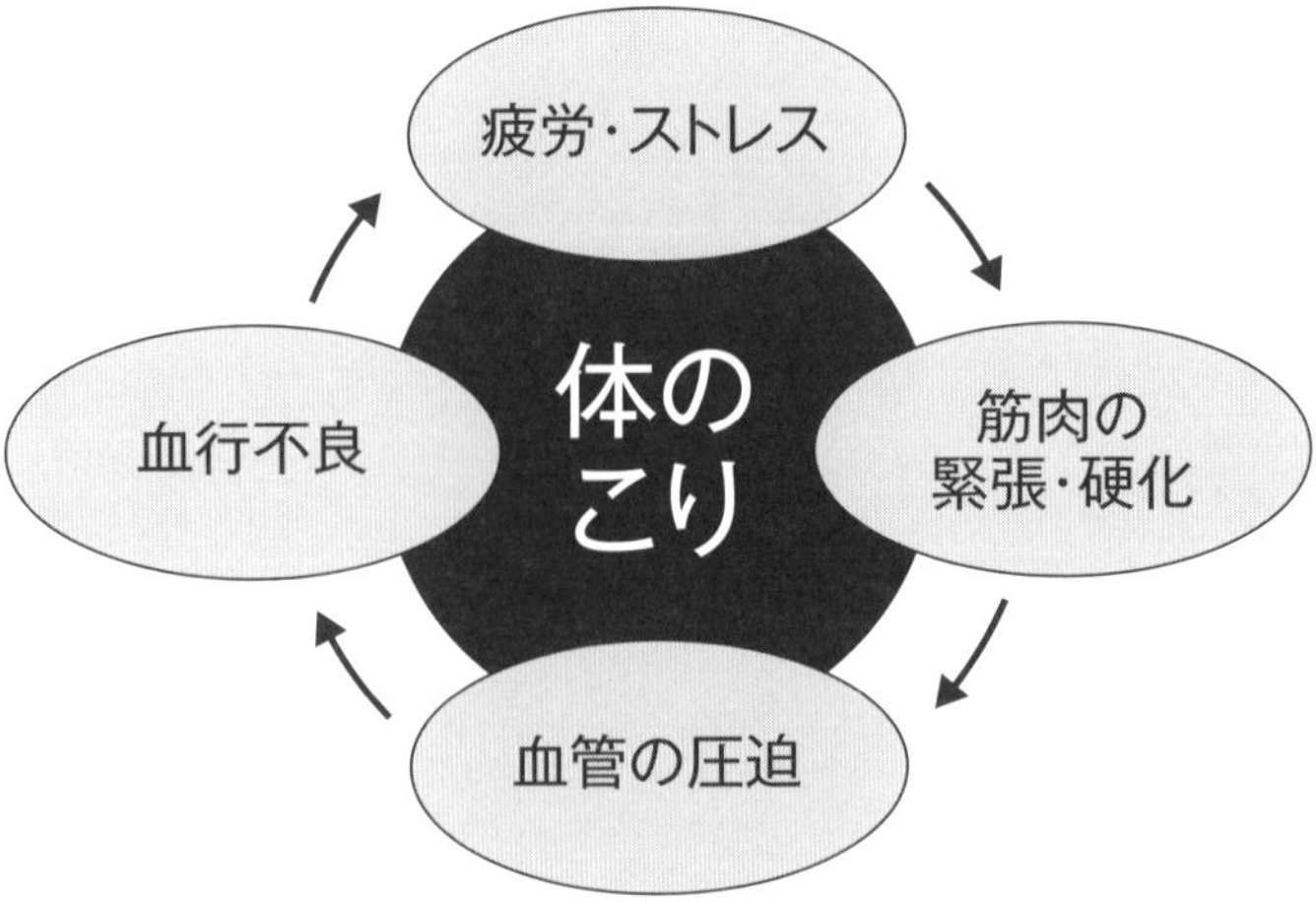

布団、枕などに埋め込まれた電気磁気治療器

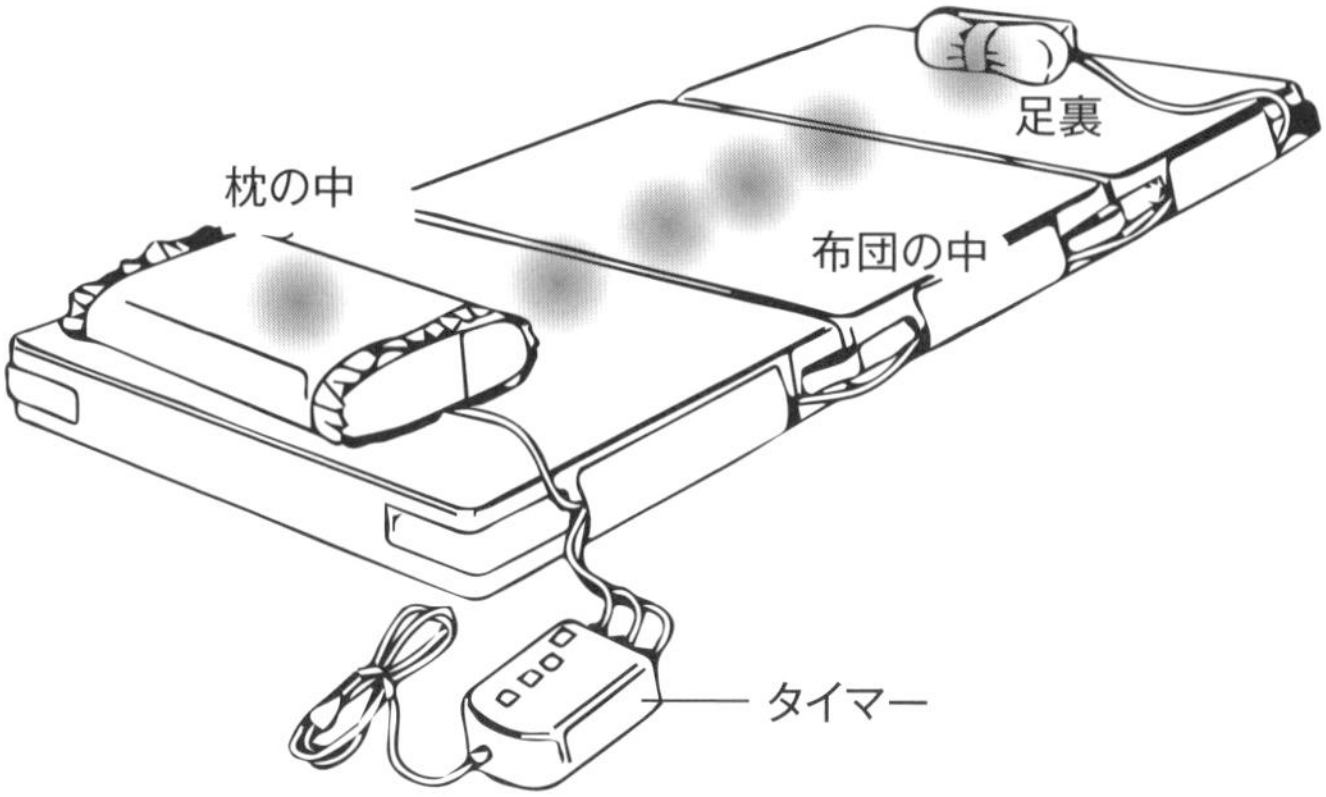

就寝中に稼働するために、布団に埋め込める能動素子が電気磁気治療器に限定される理由があります。

電気磁気治療器の刺激は無感覚的に加えられるため、睡眠の妨げにならないのです。少なくとも現時点でという限定つきですが、医療技術サイドからは他の方法が見出されていません。

上図は、布団、枕などに電気磁気治療器が埋め込まれている様子を示しています。すでに、枕の項でも示したように、枕にもこの装置が埋め込まれ、さらには、足などの疲れをとるための電気磁気治療器としても併用できるものです。

ここでは、布団をメインにした治療システムを紹介しましたが、ストレスの多いとされる現代社会で、就寝中に積極的、能動的な休息効果を得るのに適した方法といえます。

26 浮圧布団の目的は、心身のやすらぎをもたらすこと

布団の素材をどこに求めるのかということに関し、敷き布団と掛け布団ではその機能性の違いから、性能や品質に差異が出てくることを記しました。

ここでは、最初に敷き布団のほうから、理想的な方向性を探ってみることにします。もちろん、素材だけの要因ではありませんが、一番の注目点がここにあることも事実です。

左上図は、浮き上がるような感覚を持たせるため、素材とともにその構造に工夫が凝らしてある商品例です。

布団の横断面（上下方向）から見てみると、通常の繊維は横方向の構造になっています。ふつう、横方向に重なった繊維は、縦には縮みにくいことがわかっていますので、硬くて沈みにくくなっています。そこで、縦方向の伸縮を容易にするために考えられたのが、縦方向に伸縮する素材との組み合わせだったのです。

左下図には、横編み繊維と経編繊維を組み合わせた構造にした布団の基本的な伸縮の様子が示してあります。縦方向に伸縮する素材は凹凸面に仕上げてありますので、体圧分散ができるようにも工夫されているわけです。素材だけではカバーできない体圧分散効率を、表面加工の特殊性で補っているといえるでしょう。

この場合、縦方向に伸縮する素材としてはウレタ

浮き上がる感覚を持たせることを意図した布団のイメージ

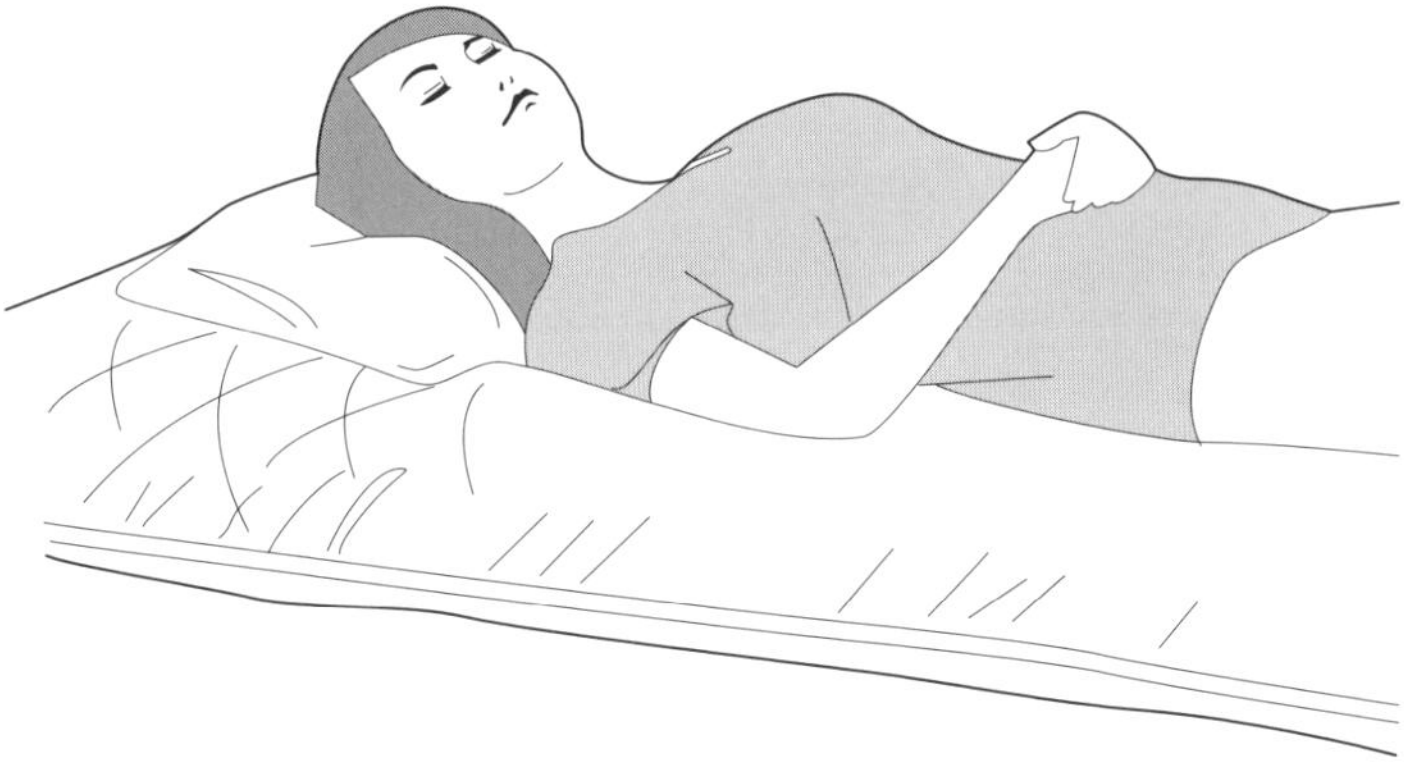

浮圧布団の構造と伸縮の様子

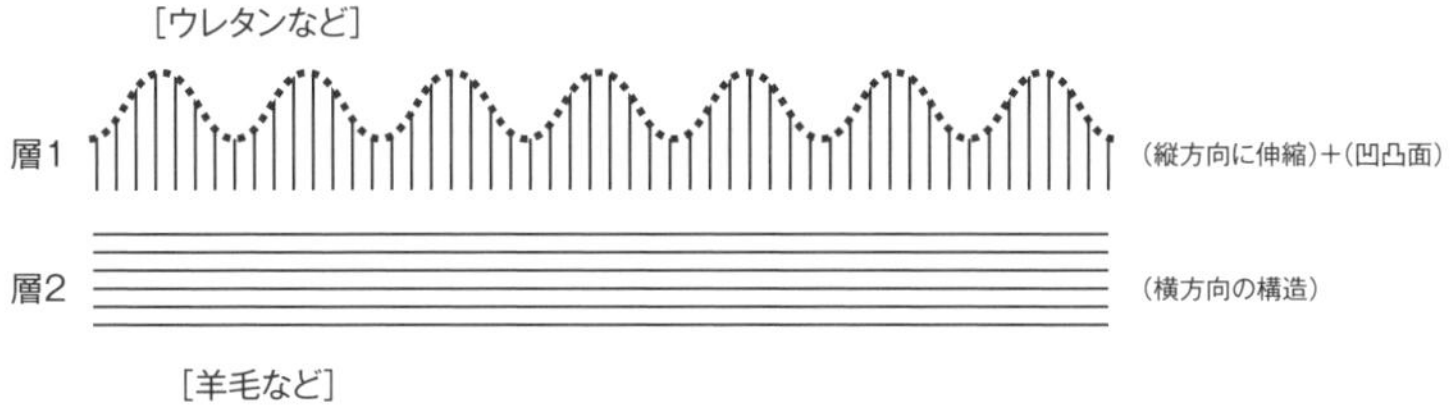

ンなど、横方向に編んである素材としては羊毛などが使われています。しかも、この二つの基本構造を多層化することにより、より品質が向上するようなアイデアが出てきたのです。

とくに、凹凸面を上に向ける層と、下に向ける層を組み合わせるような多重構造方式のものもあります。こうした体圧分散の方式は「浮圧式」などと称され、まさに体が浮上するような感覚を持たせようという意図があります。

実際には、ウオータベッドでも使用しない限り体全体が浮くことはなく、「いかに沈むのを抑えるか」というのが正確な説明となります。そのうえで、この効果をどう謳うのかということから考え出されたのが「浮圧式」というわけです。

また、メーカーにより表現方法も異なっています。例えば「無重力感」というキャッチコピーのものもあります。現実的な表現をすると、布団の上で「無重力」はありえないので、仮想感覚としてとらえてみればよいでしょう。

さらには、表面（第一層）と裏面（最終層）をどうするかという議論もあります。表面層の特性によって放熱効果なども異なってくるからです。あえて、その違いを「利用」して、夏と冬に裏返して使えるような特性をもたせた製品もあります。

さて、就寝中の本人は無意識ですので、その評価は覚醒後の感想になることも事実です。ですから実際の効果をどう表現するのか、その方法もやや難題です。

よく言われるのは、使用者のアンケートによる「満足感」の調査などがベースになります。もちろん、科学的事実と同時に使用者自身の客観的な感想が主体になりますが、この種の布団類はおおむね「好評」といえるでしょう。

27 羽毛布団の人気の秘密は何か

次に、掛け布団の話をしましょう。敷き布団が、ともすると体への密着性や沈み込みなどの物理的な特性が議論されるのに対して、掛け布団は保温性などの機能が優先されます。掛け布団の良し悪しは、どうしても、ぬくもり感が先に来るということでしょうか。

そこで、掛け布団の素材としてよく使われる「羽毛」について考えてみましょう。羽毛の特性については、すでに枕の素材として、その特徴を記しました（57ページ参照）。ここでは、布団としての性質を追加することにします。

現在、布団用として使われている羽毛の種類は下表に示したとおりです。利用される鳥の種類は、水

羽毛の種類

羽毛の種類	鳥	価格	特徴
ダックダウン	アヒル 	安価	アヒル羽毛で安価。保温性や耐久性などもそれほど高くない。臭気が気になる場合もある。
マザーグースダウン	ガチョウ(繁殖用) 	高価	ガチョウの羽毛。通常のグースダウン（下記）と鳥の種類は同じ。翌年の子供を生むために育てられている親鳥。越冬のため羽毛が非常に発達している。保温性・耐久性に非常に優れる。高級羽毛布団材料。
グースダウン	ガチョウ	やや高価	ガチョウの羽毛。ダックに比べてダウンが大きい、保温性・耐久性などあらゆる面で優れている。匂いも少ない。
アイダーダックダウン	アイダーダック 	超高価	極寒地帯に生息する野生の鳥の羽毛。極めて軽く、暖かい究極の羽毛。希少性が高く、年間の採取量が制限され、非常に希少価値が高く最高級羽毛布団の材料。

鳥の3種が主体です。

水鳥は寒冷地に生活する知恵から、保温性が高い特性を有していることが布団の素材に適しているのです。もう一つには「軽い」という利点もあります。

これが掛け布団としての一番の目的に合致するのです。

さらには小羽根が絡み合わないことから、固くなることなく、いつもフワフワしている状況を保つことが可能になるわけです。

さらに付け加えるなら、温度だけでなく、湿度に関わる特性も見逃すことができません。つまり、吸湿性とともに放湿性もあるため、蒸れることがない上に爽やかさも感じられるというメリットがあります。

ここで客観的な数値データを示すことにしましょう。羽毛の中でも「ダウン」とも呼ばれる綿羽は、羽軸から伸びた一固まりの形状をしています。ちょうどタンポポの綿毛のような形をしているもので、水鳥だけのもつ独特のものなのです。これは、スズメとかニワトリなどのような陸上で生活する鳥にはないもので、ダウンこそが抜群の保温効果を備えているといえるでしょう。

それでは、実際にダウンの数値データを見ておきます。これは、フィルパワーあるいはフィリングパワー（FP）として数値化できます。いわば、「ふくらみ度合い」ともいわれるもので、1オンス（約28・4グラム）のダウンをシリンダーに入れて、一定の加圧下での容積がとのくらいか、という数字です。このときの容積を立方インチで表現したもので、わかりやすくいうと「フワフワ度合」と考えればよいでしょう。

あるいは、反発性に優れるという表現もできます。一般のダウンの数値は３００ＦＰから９００Ｆ

ダウンの特性を示す数値の目安

FPの値	ダウンの質
500以下	低品質から普通品質
550～700程度	良質
700以上	高品質

単位：FP（フィリングパワー）

P程度がふつうの範囲です。

上表には、フィルパワーとダウンの質に関わるフワフワ度を示しました。この数値が大きいほど同じ重量でも容量の大きい、つまり軽いダウンということです。もちろん、この数値と質との関係については定まった基準がありませんので、参考値程度に見ておいてください。

ここで羽毛（ダウン）と羽根（フェザー）のちがいについて触れておきます。構造として、羽根には羽軸という湾曲上の軸が存在しますが、羽毛にはこれがありません。

なお、ダウンジャケットなどでおなじみのダウン製品は、この軽重量性・保温性という特性を生かしたものです。ダウンの用途は、布団だけではないのです。

Column

睡眠不足は肥満になりやすい？

睡眠時間が短いと、肥満の傾向があるといわれていましたが、そのメカニズムは謎でした。またこれまで、睡眠時間が人のエネルギー代謝に及ぼす影響については、様々な研究成果がありましたが、その明確なメカニズムは検証されていませんでした。

つい最近、花王ヘルスケア食品研究所と早稲田大学スポーツ科学未来研究所との共同研究グループが、睡眠時間の短縮が、食欲抑制ホルモンの減少や空腹感の増加などの食欲に影響し、肥満リスクを増加させるメカニズムを解明したとの発表がありました。

現在までの睡眠時間と人のエネルギー代謝の関係についての研究としては、脳波による睡眠の質の評価や、脳波変化と脳から分泌される様々なホルモンを調べ、それを基本に身体変化を調べるものでした。しかし、エネルギー代謝と睡眠時間が関係するメカニズムについては測定が困難だったのです。

そこで、共同研究グループは、「代謝測定装置」によって日常生活に近い環境で長時間、人のエネルギー代謝をモニターに映し、短時間睡眠の場合の変化を調査しました。

その結果、睡眠時間の短縮によって、夜間のエネルギー消費量が増加しても1日のエネルギー消費量に変化がないことがわかったのです。一方、睡眠時間の短縮によって、食欲抑制ホルモンの減少と空腹感の増加があり、食欲増進への影響がみられたといいます。つまり、睡眠不足は肥満につながる可能性が大きいという結果が出たのです。

しかし残念ながら、この研究では十分な睡眠時間をとっても肥満解消になるという報告はありませんでした。

第4章

快眠をもたらすベッドとマットレス

28 日本では、古代からベッドが使われていた

日本で、ベッドが使われはじめたのはいつ頃からなのでしょうか?

この疑問を考えてみると、明治維新の文明開化による欧米文化の導入以降のことと思われる方が多いのではないでしょうか。

平安時代に現代の畳に近い物がつくられ、江戸時代には庶民にも浸透した畳文化が引き継がれていたため、ベッドが一般的に使用されたのは戦後からではないかと思われる方もいらっしゃるのではないでしょうか。

ところが意外なことに、日本のベッドの歴史を紐解くと、古代から使用されていたのです。その代表的なものが、正倉院に保存されている、聖武天皇（大宝元年・701年～天平勝宝8年・756年）が使用したという日本最古の御床《ごしょう》（寝台）です。その写真をみると、現代のベッドと遜色のないものといえそうです。

それだけでなく、さらに歴史を遡ると日本の古代遺跡で特に有名な「吉野ケ里遺跡」にある3世紀頃の弥生・古墳時代の「竪穴式遺跡」には、「ベッド状遺構《いこう》」があるのです。ベッド状遺構は寝ているときに浸水などから身を守るためのものであったと考えられています。

また、和歌山県の古墳時代前期の遺跡、「府中Ⅳ遺跡」の竪穴住居にも「ベッド状遺構」が遺《のこ》っています。これらの遺跡では、床から一段高い場所に

筵《むしろ》や藁《わら》を用いて、現在でいう寝具としてのベッドにしていたと想像されています。高さは約20～30センチメートル、奥行きは1メートル前後です。

ところがさらに驚くことに弥生時代、縄文時代の前期後半、約5000～6000年前頃の遺跡に、古墳時代のベッド状遺構と同じ形状の竪穴住居がありました。北海道函館市、南茅部遺跡のなかの「ハマナス野遺跡」にある円形の竪穴住居内部に五角形の「ベンチ状段構造」をもつ「日ノ浜型住居」があり、そこにはベッド状遺構と同じものが見られるのです。

和歌山県の府中遺跡の「ベッド状遺構」と、函館市のハマナス野遺跡の「ベンチ状段構造」の遺跡の両方の写真から、ほとんど同様の形状がみられます。この南茅部遺跡は1万年ほどの歴史が積み重なった遺跡群で、時代により同じ場所で何度も竪穴住居が立て替えられています。

また、この型の住居は青森県の縄文時代前期中頃の三大丸山遺跡にも見られます。こちらでは、「テラス状住居」と呼び、高さは約20～30センチメートルで、奥行きが1メートル前後ということです。

ところで、三大丸山遺跡には、縄文時代中期の柱の遺跡から高床式の建物があったとされ、倉庫のような建築物が復元されています。実際には、この建物が何に使われたのかについてはわかっていません。それは、柱の内部の地べたに生活痕跡がないためです。

いずれにしても、「ベッド状遺構」がある竪穴式住居が、縄文時代から弥生時代を経て、古墳時代に至るまで使用されていたということから、約4000年以上の歴史を持つということには驚かされます。

ちなみに、ベンチ、テラスのベッド状的遺構を含む縄文時代の遺跡群は、北海道の千歳市や函館

古代のベッドと聖武天皇「御床《ごしょう》」

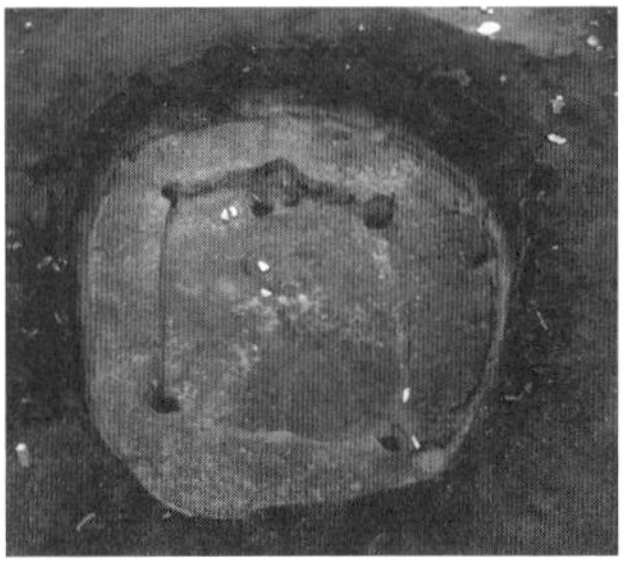

函館市　ハマナス野遺跡「日ノ浜型居住」
写真提供：函館市教育委員会生涯学習部文化財課

和歌山県「府中Ⅳ遺跡」
写真提供：和歌山市教育委員会文化振興課

聖武天皇御使用の「御床《ごしょう》（寝台）」

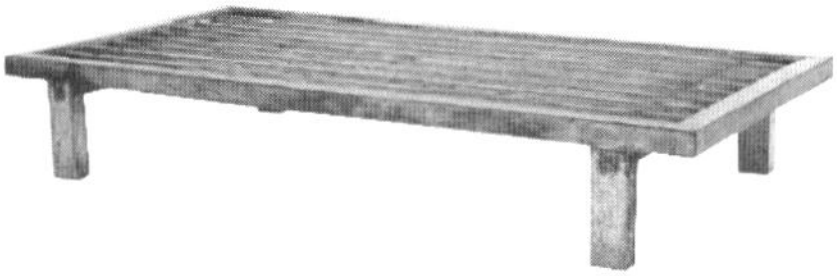

写真提供：宮内庁正倉院事務所

市から、本州の北東北（青森県、岩手県、秋田県）にまたがります。これらは18カ所を数え、なかには紀元前1万3000年前の縄文草創期の青森県の太平山元遺跡や、紀元前9000年前の函館市の垣ノ島遺跡も含まれ、現在、この史跡群は、「世界遺産」の登録を目指しています。

日本の住居文化については、縄文時代、弥生時代、古墳時代という歴史区分が、余り意味を持つものではないといえるのではないでしょうか。

さて、縄文時代、弥生時代のベッド遺構を、現代のベッドとするのは飛躍といえるかも知れませんが、ベッドの目的や用途からすると、ベッド状遺構はベッドの草分けであるといえましょう。

この他に、文献からは、「日本書紀」や「古事記」に、何枚もの畳を重ねた「八重畳」という言葉が出てきます。なかでも、古事記の神話の「山幸彦と海幸彦」では、山幸彦が豊玉姫と結婚するために招き入れられて座る場所に「絹畳八重」が敷かれていることが書かれていますが、それは神代の時代から畳が使用され、ベッドとしても使用されたであろうことが推測されます。ただし、この時代の畳とは筵《むしろ》のことです。

また、平安時代の「源氏物語絵巻」鈴虫の段では、板の間に畳が敷かれている構図が描かれています。この絵巻から、寝る時には畳をベッドのようにして十二単《じゅうにひとえ》を掛けて寝ていたのではないかと考えられています。すなわち、古代には畳そのものがベッドとしての役割を担っていたといえるようです。

さて、欧米では当たり前のように使用されてきたベッドですが、日本でのベッドの歴史を辿ると、ベッドの文化が一時期抜け落ちたような時期があったと考えることができます。それは、日本では筵から畳文化が発展した時期で、長い間ベッドという概念から遠ざかったともいえましょう。

そもそも、世界中でなぜベッドが使われるようになったのかという理由は、ひとつには体を守るためであり、もうひとつは寝心地の良さにありました。

そして、欧米文化の導入とともに、特に戦後から徐々にベッド利用者が増していき、ある調査によるとベッドの寝心地の良さと利便性から、平成時代に入るとベッド派と布団派の割合が拮抗するようになりました。

以前はベッド派には若者が多いと考えられていたのですが、現在は要介護老人の増加によって、ベッドの利用が必要になってきています。

29 人は一生で4～6回、ベッドを替える

人は、生涯を通して3分の1から4分の1の時間を睡眠に費やすといわれています。それだけ睡眠は人にとって必要かつ重要なことなのです。それは、同時に睡眠の質と時間が問われることを意味します。

睡眠の質を高め、睡眠時間を確保するためには寝具の選定が重要になりますが、ここではその寝具の一つであるベッドについて述べていきます。

人は、一生で4～6回ベッドを替えるといいます。

最初のベッドは生まれた時に、ゆりかごや、ベビーベッドのお世話になります。この乳児期の睡眠時間は12～18時間です。

乳児期を過ぎて、幼児期から児童期には、子ども用ベッドを使うようになります。兄弟や姉妹がいる場合には二段ベッドなどを使うことも多いでしょう。

幼児期前半の1～3歳児の睡眠時間は12～14時間ですが、人間の基本的な生活リズムを作る時期であり、たっぷりと睡眠をとることが必要とされています。

この幼児期は睡眠時に大量のメラトニンが分泌され、一生のうちでもメラトニンの分泌が一番活発な時期とされます。このメラトニンは、体内時計の調整に睡眠と覚醒作用を持ち、その抗酸化作用によって細胞の新陳代謝を促し、疲労回復や、病気の予防

人は成長の中でベッドを替えていく

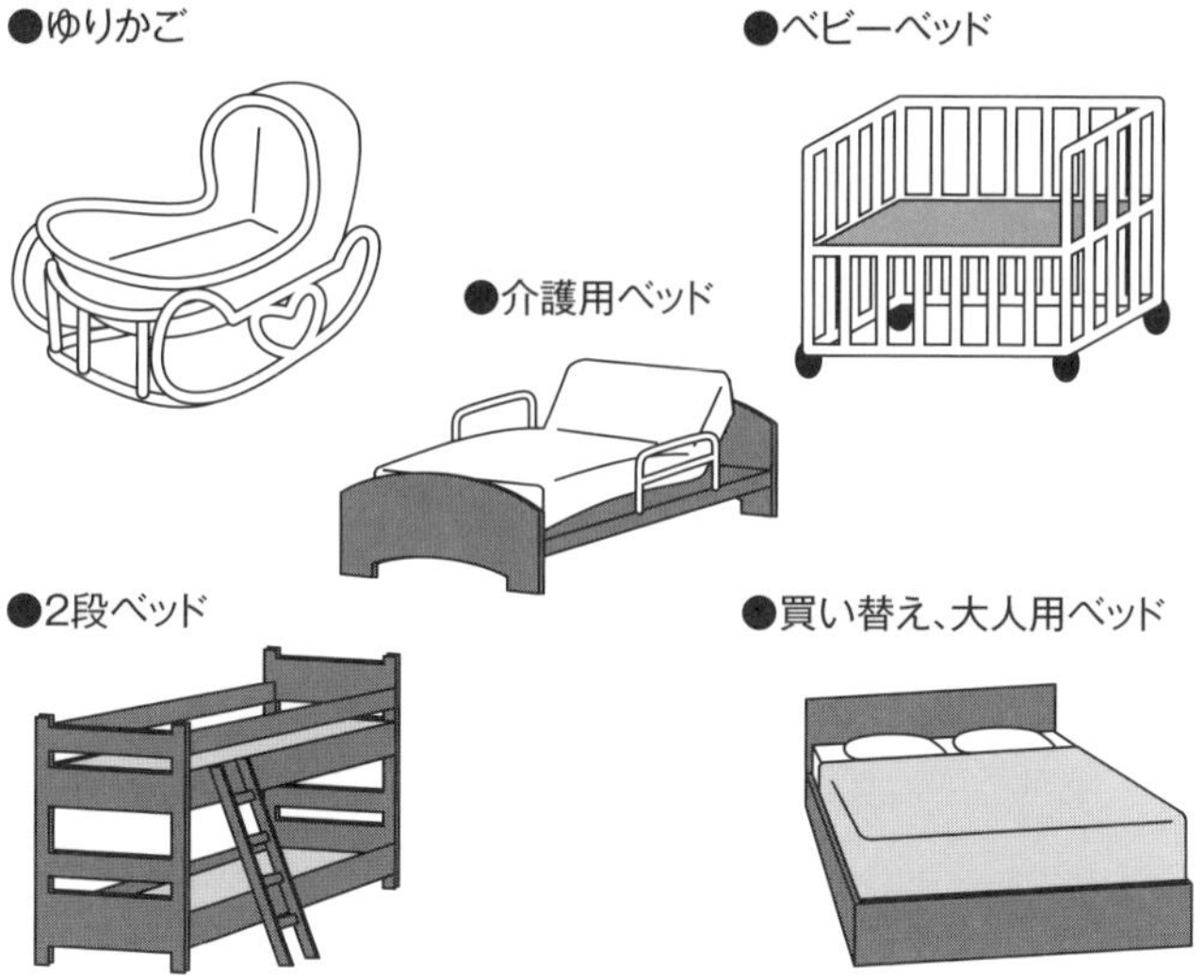

や老化防止などさまざまな効果を持つと考えられており、注目されているホルモンの一つです。

また、脳の新皮質が成長する時期で、記憶をするためのさまざまな部位が形成されつつあります。３歳頃から思い出せる記憶の貯蔵もなされていくと考えられています。

幼児期後半の４～６歳の睡眠時間は10～13時間で、生活習慣を身につける時期であり、また、幼稚園での集団生活を通してこれを学び、人としての基本が身についていきます。

児童期から青年期にかけては、睡眠時間が少しずつ減少し、７～12歳では10～11時間ほどで、13～18歳では８・５～９・５時間ほどになります。

児童期の７～12歳では、小学校に入って集団生活を通して学習をするとともに、日々体が成長するために睡眠を充分にとることが必要になります。

青年期の13～18歳になると、大人用ベッドが必要になります。13～18歳の時期は、思春期でもありますが、成長期を迎えて身長が急激に伸びる時期です。身長を伸ばすには睡眠によって分泌を促す成長ホルモンを活発化させる必要があります。そのためには、睡眠をおろそかにすることは避けなければなりません。

次に、結婚をすることで新しいベッドを購入し、新婚生活を始めます。また、新居の購入時や、中高年世代になるとベッドの買い替えを行う場合が多くなります。加齢とともに体力面での衰えなどから、睡眠の質などについて関心をもたれる方が多くなる世代ともいえましょう。成人の睡眠時間は7～8時間が標準となります。

その後、老年世代になると介護用ベッドにお世話になる方も多くなり、リクライニングベッド（電動ベッド）を使用するようになります。老年になると、日中に強い眠気を感じて眠り込むという「傾《けい》眠《みん》」という症状がでたりするため、夜間の睡眠時間は6～7時間と少なくなります。

このように、人は年齢の推移とともに、ベッドを替えることになりますが、これらは、ベッドだけではなく、お布団を使用される場合や、その他の寝具用品についても同様といえるでしょう。

人は体の成長とともに
ベッドを替えて
いくんだね！

30 立った姿が快眠姿勢とは？

睡眠は快眠または熟睡することがとても大切です。それは睡眠中に人の体のメンテナンスをはじめ、記憶の整理など様々な働きをするうえで、その効果をより大きくするためです。

そしてその、快眠や熟睡の方法についてはいろいろと考えられています。ここでは快眠と熟睡をするための寝姿や姿勢について述べていきます。

睡眠の正しい姿勢とはどんな姿なのでしょうか。

それは、「立った姿が、快眠姿勢」ということになります。

なぜなのでしょうか。

人は立った姿勢が最もバランスの良い状態にあるからです。このバランスの良い状態は次の動作に移るときに最も効果を発揮することになります。人はそもそも二足歩行をするために立つことを憶えましたが、立った姿勢のバランスが悪いと二足歩行に移ることができず、転んでしまいます。

睡眠もバランスの良い立った姿勢で寝ることで、「寝返りが打ちやすいこと」になります。寝返りをする目的は、寝ている間に、体の重みが特定の場所にかかることで起きる筋肉の硬直や疲労、血液循環の悪化を防止することです。もし、寝返りが打ちにくかったり、体の向きを変えるために、余計な負担をかけたりすると、必要以上の力を使うことになり、快眠や熟睡を妨げるだけでなく、時には目が覚めてしまうことになります。

立ち姿が快眠の姿勢

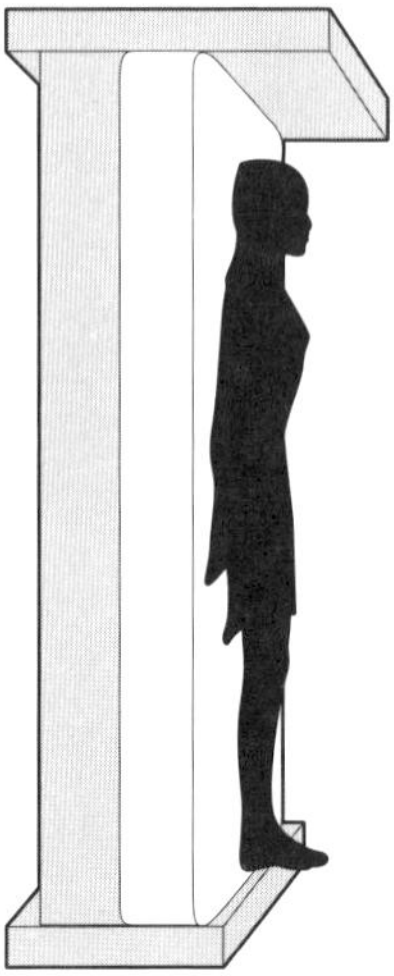

二足歩行への進化

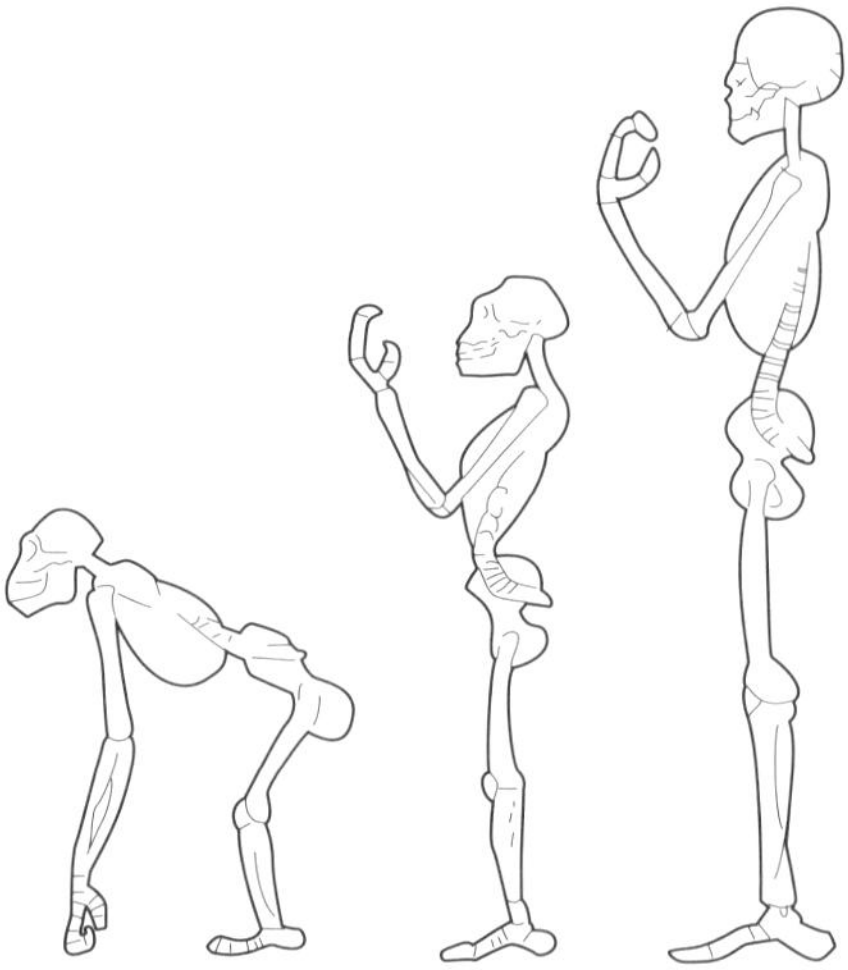

睡眠を妨げられずに、朝まで熟睡するためには、立った姿勢で睡眠することが理想的な姿勢ということになります。

人はなぜ二足歩行をすることになったのかというと、二足歩行は手を自由に使えるからだと考えられています。手が自由に使えるようになって、石器をつくるなどの技術を憶え、同時に脳容量を拡大させ、進化したといわれています。つまり、手の自由が技術を習得し、それを記憶することで脳の進化につながったというわけです。

脳と睡眠は、とても深い関係にあります。脳は睡眠中にさまざまな指令を出し、生命維持につながることを行っているからですが、脳の進化には睡眠も大きく関わってきました。

例えば、「寝る子は育つ」といわれますが、人は睡眠中に体組織の修復・再生、脂肪を燃焼させる働きをすることや、成長ホルモンを分泌することで体の成長だけでなく、大人にとっても細胞を新生したり、古くなった肌の修復など若さの維持と老化の防止も促します。

また、睡眠時には骨髄で白血球、赤血球、リンパ液などを生産し、血行が促進され、病気や病原体への抵抗力や免疫力を高めて、病気防止の働きもします。

さらに、睡眠中には脳の海馬が記憶の固定化、すなわち記憶の選定や貯蔵場所の決定をし、それらは後に記憶を思い出せる想起などによって学習機能の拡大にもつながっています。

このように、睡眠姿勢を正しくすることは、快眠や熟睡が得られ、さらには生命維持や記憶の増大にもつながる大変重要なことといえるのです。

一口メモ

立ち姿がいちばん良い寝姿なんて不思議。

31 ベッドの寝心地はコイルが決める!?

ベッドは、寝心地の良さや快適性が要求されるため、マットレスのコイルスプリングが大変重要な素材となります。このため「ベッドの命はコイルにあり」ともいわれています。

コイルスプリングは、一般的に多く普及している「ポケットコイル型」と「ボンネルコイル型」に大別されます。両者の大きな違いは、コイルが寝姿の体を線で支えるか、面で支えるかにあります。それは、バネになるコイルの全体的な形状の違いでもあります。

ポケットコイルは、コイルスプリングを一つひとつ円筒形の袋のポケットに入れ、それを全面に隙間のないように並列し、配列していきます。

一方、ボンネルコイルでは、コイルスプリングの一つひとつを螺旋状に巻いて全面に配列し、連結させます。つまり、両者の違いは、コイルによる体の支えが、一つひとつのコイルが個別的なのか、コイルが連結されて全体的なものかということになります。

このコイルスプリングの仕組みと構造の形状によって、次に述べるような寝心地の違いが出てきます。

コイルを個別的に支えるポケットコイルでは、体の重たい部位のお尻や肩が沈ずみます。それは体圧が分散されることになり、体への負担が少なく、体にフィットし、包み込まれるような寝心地を得られます。

一方、コイルが連結されているボンネルコイルでは、体の部分的な沈みはありません。適度な硬さにより、寝返りが打ちやすく、畳の上のお布団に寝る感触に近くなります。

また、先にも触れましたが、立った姿勢の寝姿が寝返りを打ちやすくすると述べましたが、人の立ち姿はまっすぐ立つと背中部分がS字型になります。この姿勢は快眠を促進するといえます。ただし、立ち姿での腰のくぼみは4～5センチメートルであり、寝姿での腰のくぼみが2～3センチメートル程度であれば、体への負担は少なく、立ち姿に近く快眠できるといわれています。

これらは、ベッド選びの選択肢の一つになるといえます。

次に、両者の、振動性や横揺れ、耐久性、通気性、価格面でのそれぞれ違いについて述べていきます。

振動性と横揺れについては、ポケットコイルではコイルが一つひとつ独立しているために、振動や横揺れをしません。例えば、ご夫婦で寝ていて片方が寝返りをしても隣に寝ている方に響かないのです。

しかし、ボンネルコイルはコイルが連結しているために、寝返りによる振動や横揺れを起こすことがあります。そのため、ボンネルコイルは振動や横揺れを少なくするためにコイルスプリングの数を多くした「高密度連続スプリング」によって、振動や横揺れを分散して防止する工夫などをしています。

耐久性と通気性では、ポケットコイルはコイルスプリングに対して個別に体圧がかかり、コイルスプリングの局地的疲弊が起りやすくなります。

また、コイルスプリング一つひとつが円筒形の袋形状のため、通気性の点で優れているとはいえません。そのため、マットレスの内部の湿気を除去する

ベッドのコイル

ポケットコイル型

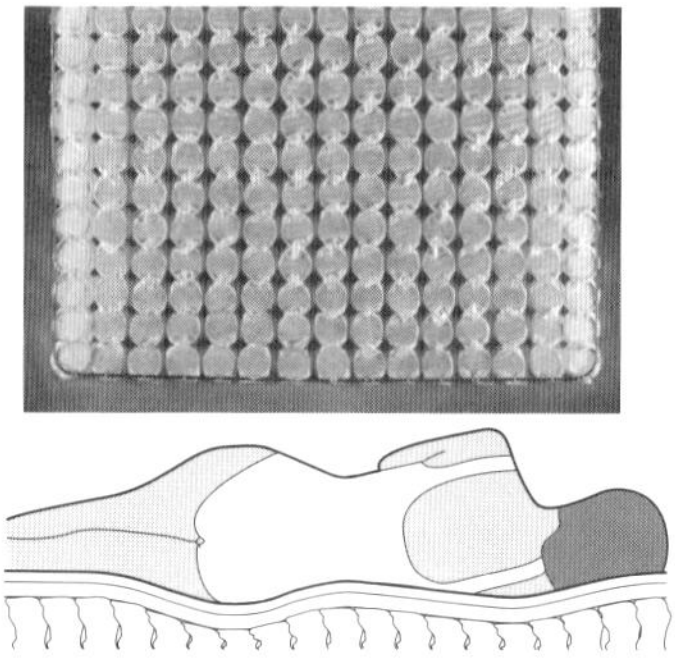

体を点で支えるため、体にフィットする。

ボンネルコイル型

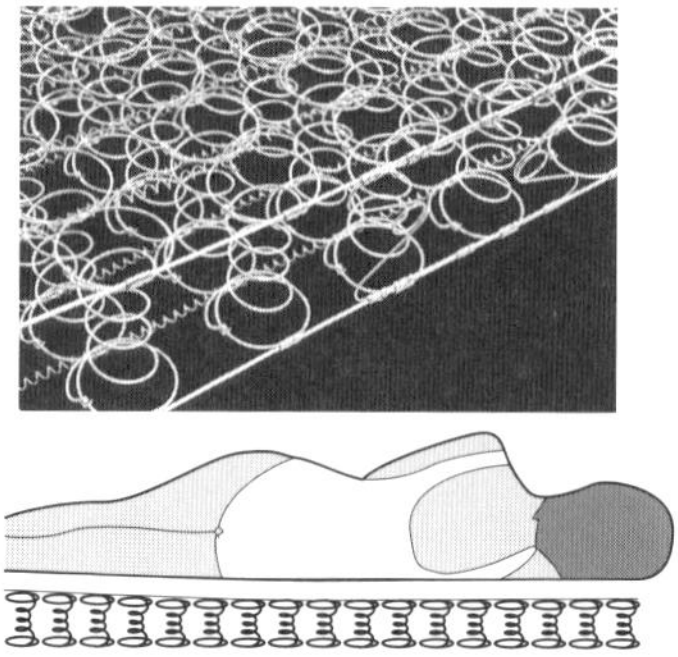

体を面で支えるため適度に硬く「畳に布団」のような感じ。

写真提供：フランスベッド

通気孔のようなベンチレーターにより、その欠点を補完することが行われています。

　ボンネルコイルは、コイルスプリングが連結されていることで、疲弊が全体的になるために耐圧性に優れています。また、通気性においても優れていて、高温多湿の日本の気候に対応しています。

　価格面では、コイルスプリングの数が両者で違います。一般的にシングルベッドのポケットコイルは５００本、ボンネルコイルは２５０本程が使用されているといわれています。ベッドの他の素材やコイルスプリングの質などにもよりますが、コイルスプリングを多く使用している「ポケットコイル型」が「ボンネルコイル型」よりも、高価のようです。しかし最近ボンネルコイル型に、ボンネルコイルが抱える震動や横揺れなどの弱点を克服した「高密度連続スプリング」が登場、注目を浴びています。高密度連続スプリングは、１本の鋼線を連続して編みこ

ベッドの通気性の検証テスト

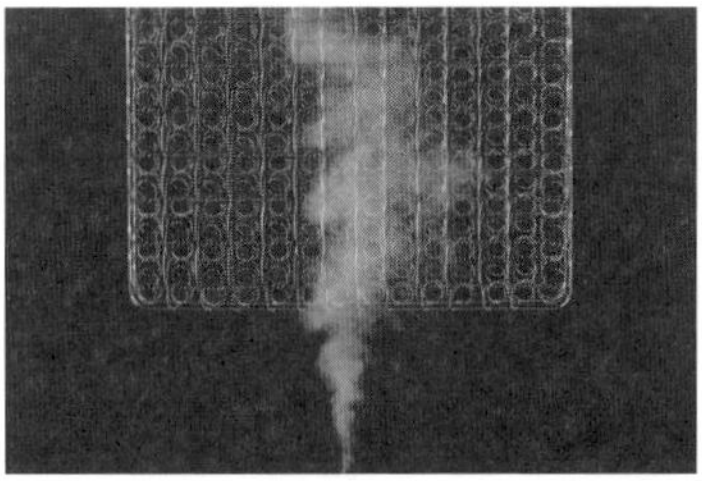

通気性のよい「高密度連続スプリング」構造

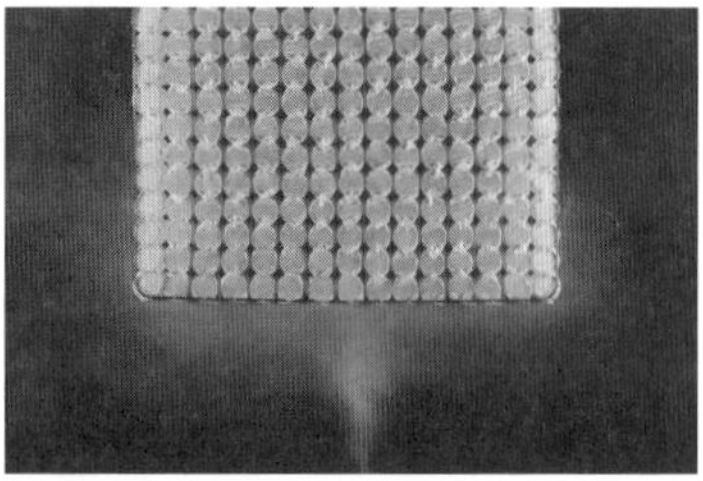

通気性があまりよくないスプリング構造

高密度連続式スプリング

高密度連続式スプリングコイル

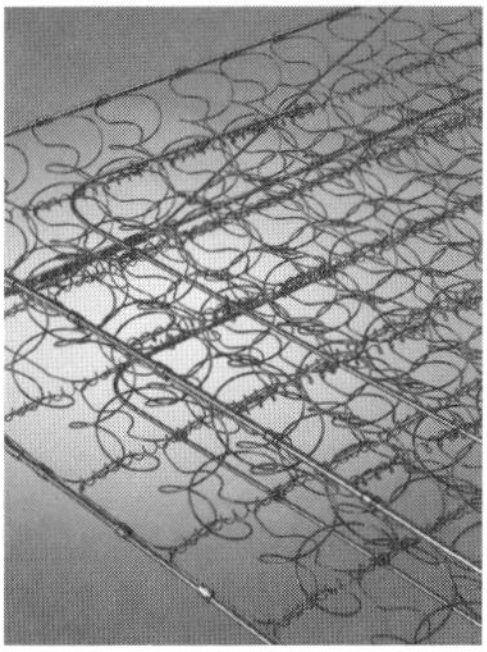

写真提供：フランスベッド

連続式スプリング

背筋が伸びる正しい寝姿勢を保ち、面で支える高密度連続式スプリング

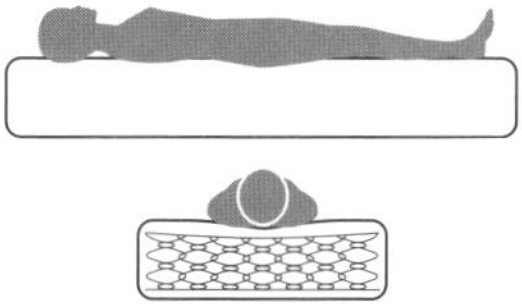

寝姿勢は、背筋が伸びている状態が自然な寝姿です。睡眠時と起きているときの身長差は約 1%と言われますが、これは立っているときには重力（体重）を受けて、椎間板が縮んでいたのが解放されもとに戻るためです。

み、従来のスプリングに比べて密度が約2・5倍といわれ、その一つひとつのスプリングがあらゆる動きに対する荷重を、〝点〟ではなく〝面〟で支えることにより、背中や腰の部分的な落ち込みがなく、理想的な寝姿勢であるS字ラインを維持し、スプリングそれぞれが袋形状ではないので通気性にも優れており、健康で心地よい眠りを実現する理想的なマットレスとして、開発・販売されています。

　このように、「ポケットコイル型」と「ボンネルコイル型」は、寝心地と睡眠の快適さがそれぞれに特徴がありますが、それらは、「コイルがベッドの命」という言葉にぴったりと当てはまるといえそうです。

32 ベッドの角度調節で何が変わるのか

ベッドが睡眠だけでなく、リクライニングという機能性を取り入れて利用されるようになったのは、日常にソファとして使うことや、介護用に使用することで、老人の立ち上りの補助や、床ずれなどを防止するためでした。しかし、最近ではそれだけでなく、快眠のために利用されるようになってきています。

戦後、高度経済成長期に入り始めた1956年(昭和31年)に、主に車両用シートの製造をしていた「株式会社双葉製作所(現・フランスベッド)」が、「分割式ソファベッド」を開発し、発売しました。これが日本でのソファベッドの嚆矢《こうし》です。「昼はソファ、夜はベッド」のキャッチフレーズによるテレビ宣伝などを展開したことから、ベッドだけでなく、ソファも一般の人々に普及しました。

1980年代半ば、日本の女性の平均寿命が当時の長寿国世界一のスウェーデンを抜きました。それは、日本が長寿国として高齢者人口が増えたことを意味しますが、同時に高齢者の介護を迫られることも意味します。そのため、1990年代に入ると介護用ベッドが注目されるようになりました。ちなみに、日本で初めての電動ベッドは病院用ベッドを生産していた「木村寝台工業株式会社」が1962年に開発した電動ベッド「KA-45」です。

その後、電動ベッドは、介護用ベッドに進化し、利用者の動作を助ける機能だけでなく、介護者の労

日本初の「分割式ソファベッド」と「電動ベッド」

分割式ソファベッド
写真提供：フランスベッド

電動ベッド
写真提供：パラマウントベッド

介護用ベッドの基本形態と機能

背上げ機能

モータで床を起こし、起き上がりの動作を補助。

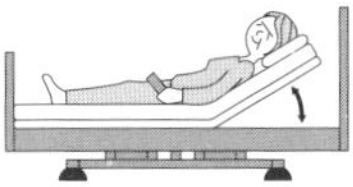

膝上げ機能

背上げするときに体がずれてしまうのを防止。

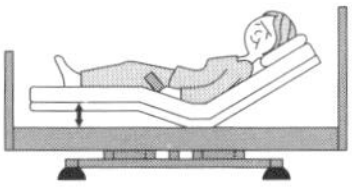

高さ調節機能

モーターでベッドの床高を立ち上がりやすい高さに変え、立ち上りの動作を補助。また、ベッドの高さを調節することで、介護を楽な姿勢でできる。

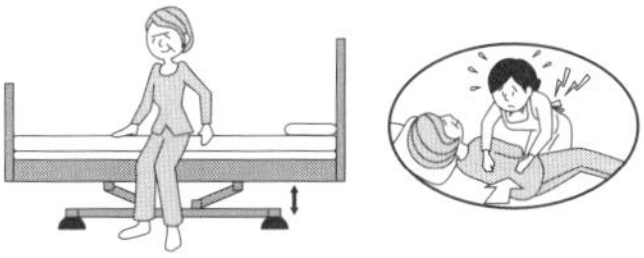

出典：パラマウントベッド

力を軽減する機能が備わっています。介護用ベッドのリクライニング機能としては、背上げ機能、膝上げ機能、高さ調節機能を基本とし、離床時の安全や、介護者姿勢への配慮もなされています。また、介護保険の利用で介護ベッドがレンタルできる制度が始まる前の１９８３年に、日本で最初に療養・介護ベッドのレンタルを始めたのはフランスベッドでした。現在の在宅介護には無くてはならないアイテムとされています。

　このように、ベッドが睡眠のためだけでなく、その機能性を拡大することで、ベッド利用者にとっても大いに役立っています。

　ベッドのリクライニング機能は、快

眠のためにも使用されるようになってきています。

それは、リクライニングベッドでリラクゼーションすることです。夜の睡眠前と、朝起きた時にリラックスできる環境空間の創造といえます。寝る前にリクライニングベッドで読書を楽しんだり、肩部と脚部の2カ所についているバイブレーター機能により、肩こりをほぐしたり、疲れた脚をもみほぐすという効果によって、快眠や熟睡へと誘われるというものです。

また、目覚めの良さは、睡眠が覚醒に近い時間にセロトニンの分泌の活発化と関係します。セロトニンとは脳内の神経伝達物質ですが、これが少なくなると思い悩むことが多くなるともいわれています。日本人は不安を感じる神経質さと関係する5―HTT遺伝子のショート（S）型を持ち、セロトニンの分泌があまり良くないといいます。

例えば、日本人のS型を持つ割合は98・3％ですが、アメリカ人は67・7％であり、この差がアメリカ人よりも日本人の方が神経質な傾向に生まれついている原因との考えもあります。つまり、目覚めを良くするためにも、セロトニンの分泌を多くすることが大事であるといえるでしょう。

そこで、最近ではリクライニング機能により、体に圧力のかからない理想的な睡眠姿勢を実現し、無重力睡眠状態になれるというベッドも開発されているようです。睡眠が快眠のみならず、目覚めも快適にするということなのです。

ベッドの進化は、日々の睡眠だけでなく、目覚めも快適にという工夫と努力が着実に押し進められています。

ベッドの角度調節は、その機能性と利便性の応用拡大によって、日常利用をはじめ、介護される使用者とその介護者にも極めて役立ち、かつ快眠が得られるという利点をもたらしているといえます。

33 ベッドは、マットレスだけでなくフレームにも目を向けよう

ベッドを選ぶとき、寝心地の良さからマットレスをメインに考えてしまいがちですが、ベッドのフレームに目を向けることも大事です。フレームは快適な睡眠を保つため、ベッドを支えるためのものですが、同時にフレームには耐久性、通気性、利便性があります。その中からどれを優先するかは、快適な睡眠に影響を及ぼします。

ベッドのフレームには、大別すると、脚付のノーマルなタイプ、収納ができる箱型タイプ、小物や衣類が収納できる引き出し付きタイプ、ダブルクッションのための台輪タイプの4タイプがあります。ベッドメーカー各社は、これらのタイプにそれぞれオリジナルのブランド名をつけて販売しています。

ノーマルタイプは通気性があり、高温多湿の気候の日本では、睡眠による汗の湿気を回避することができることから、一般に多く普及しているタイプです。ただし、ベッドの下にホコリがたまりやすいという面もあります。そのため、最近では、お掃除ロボットが入る床下スペースを確保するなどの対応をしています。

利便性を優先する箱形収納タイプは、床面接地によりホコリの侵入を防ぐことができ、内部スペースには季節物の寝具や長物を収納できるという利点があります。

引き出し付きタイプは、オープン引き出しが2杯ついていて、引き出し奥にスペースを設けているも

ベッドフレームの代表的なタイプ

引き出しタイプ

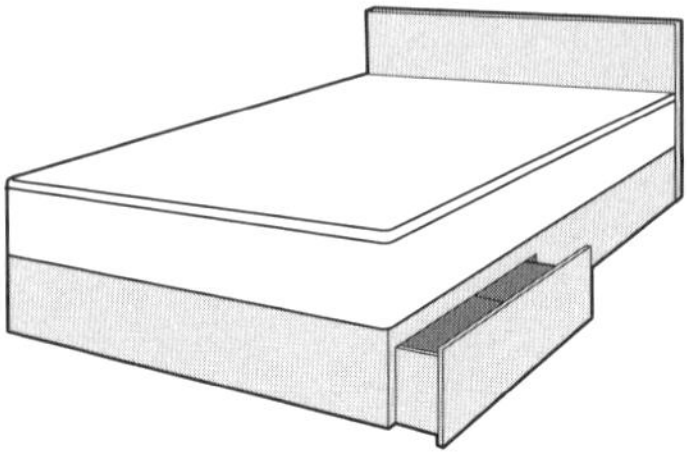

脚付ノーマルタイプ

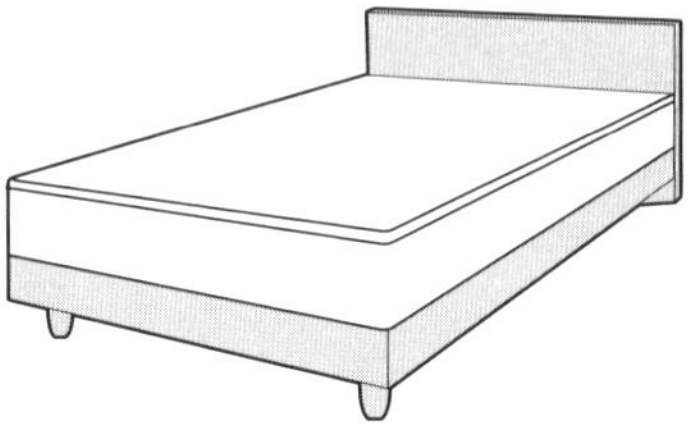

箱形タイプ

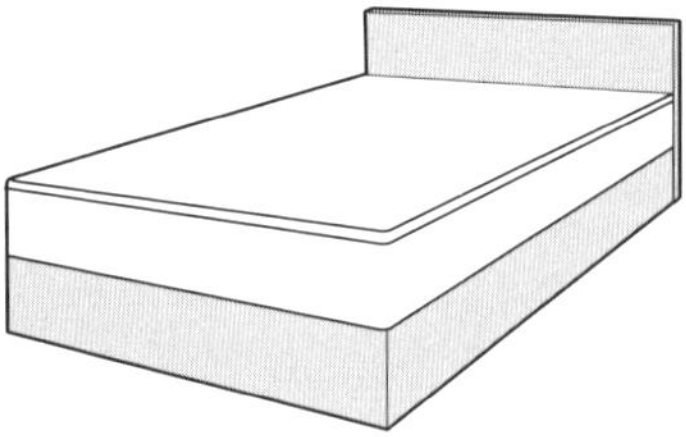

ダブルクッションタイプ

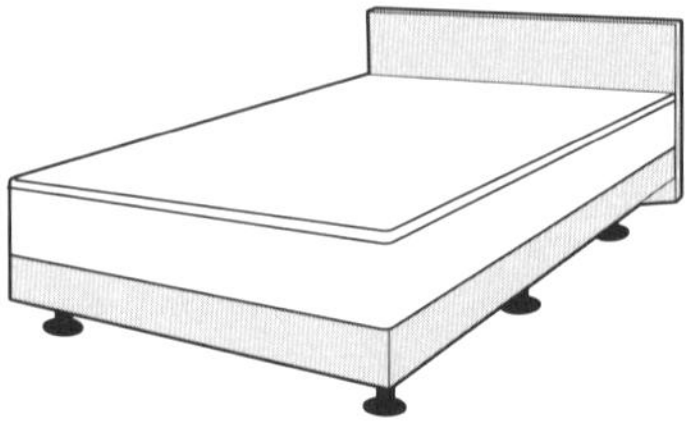

のもありますが、引き出しには衣類や小物を、奥スペースには長物を収納できるという利便性があります。また、引き出しはベッドの置き方により左右どちらでも組み立てることができるようになっています。このタイプも床面接地のため、ホコリの侵入も防止できます。

しかし、箱形収納タイプ、引き出し付きタイプでは、通気性の点で難があるといえます。そのため、換気などについて注意が必要です。

ダブルクッションの台輪タイプは、安定性が良く、ダブルクッションによる快適で高い寝心地が得られるとされます。そのため、一流ホテルではこのタイプが多く使われています。また、ダブルクッションは、耐久性に優れています。マットレスにかかる衝撃過重をダブルクッションが分散し、緩和するために寝心地をより永く保持することができます。

ただし、脚が台輪のため、ベッド下にはホコリがたまりやすく、こまめな掃除が必要です。このタイプも、最近ではやはりお掃除ロボットが入る床下スペースを確保するようになっているようです。

このように、ベッドのフレームには、利便性、通気性、耐久性というそれぞれの利点があります。快適な寝心地のためにベッド選びをするときは、ベッドのマットレスだけでなく、フレームについても目を向けることが大事だということです。

ベッドを選ぶときのポイントはいろいろあるんだね！

34 アスリートに人気のマットレスとは？

ここ数年、アスリートたちの間で、睡眠法について、ブームになっていることがあります。それは快眠、安眠を提供するという「マットレス」の存在です。アスリートにとって、睡眠はとても大事です。それは先にも触れてきたように、人は睡眠によって生命維持をはじめ、体の修復や疲労回復などをしますが、体力の消耗が激しいアスリートにとって、体のメンテナンスと疲労回復は欠かせないものであり、快適な睡眠は成績に直接跳ね返るといえましょう。

アスリートに人気があるマットレスとは、「エアウィーヴ」という製品で、このエアウィーヴは、「寝返りが楽」「優れた体圧分散」「夏涼しく、冬暖かい」「水洗いが可能」という4つの特性を持ち合わせています。さらに、アスリートにとっては、もう一つの特徴として、持ち運びができる「ポータブルタイプ」があり、国内だけでなく海外遠征に携行し、遠征先での睡眠に役立たせることができることは、アスリートにとって良い成績が期待できるといえましょう。

ところで、このエアウィーヴは、ポリエチレン樹脂の樹脂繊維を編んだ、エアファイバーという革新的な素材でつくられています。ポリエチレン(polyethylene)は、炭化水素のエチレンが重合した構造の高分子で、分子量と密度によって、低密度、高密度、直鎖状低密度、超高分子量などの種類に分れます。しかも、それぞれのポリエチレンは特性が異

快適な睡眠が得られるというマットレス

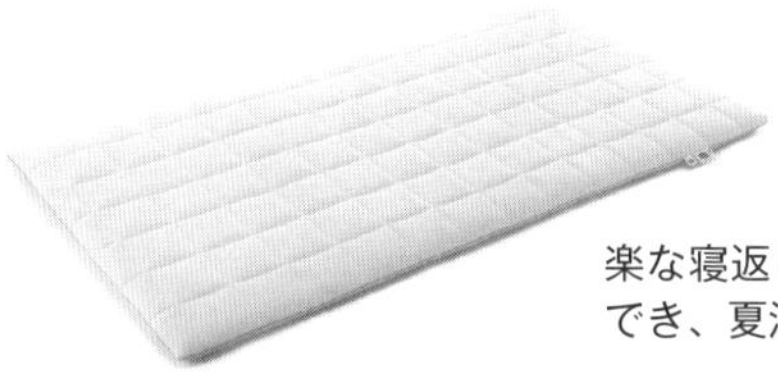

楽な寝返り、体圧分散、水洗いができ、夏涼しく、冬暖かいという

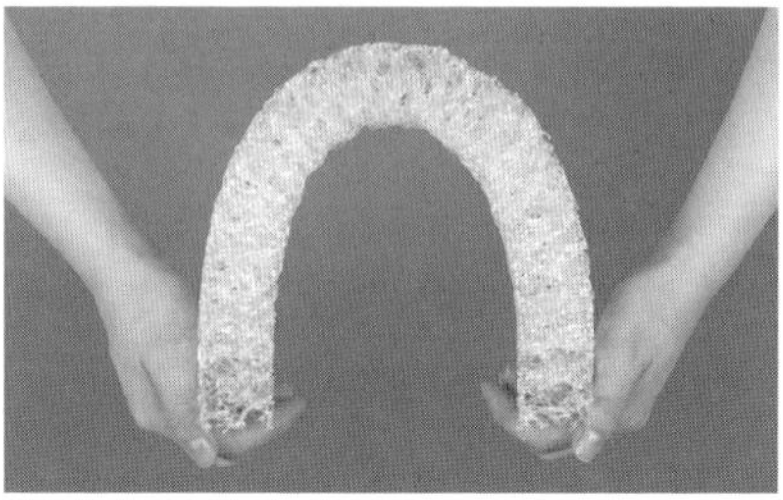

エアウィーヴは素材で、体重をバランスよく分散する

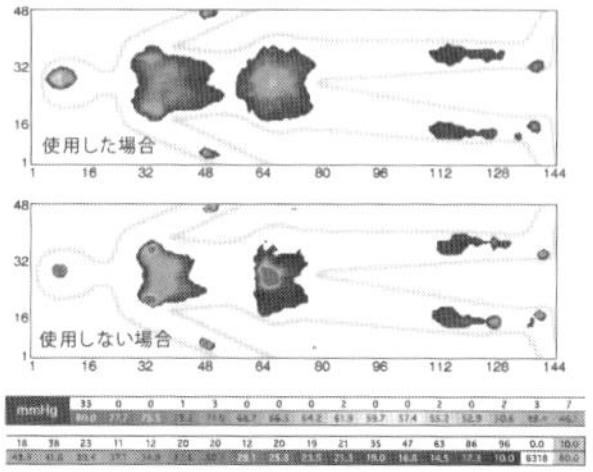

高反発による復元力で、寝返りが楽にできる

写真提供：エアウィーヴ

なり、技術力によってさまざまな製品をつくることが可能になります。また、ポリエチレンは成形性に優れ、私たちの身の回りの品々に多用されています。例えばその用途としては、食品容器やポリタンク、包装フイルム、人工関節などに使用されています。

エアウィーヴでは、このポリエチレンの特性を生かし、マットレスの素材として快適な睡眠が得られるようにして、その応用範囲を広げたのでしょう。なかでも、マットレスの高反発性により、復元力が高いことから、寝返りがうちやすいことは大きな特徴です。これは、血液の流れをスムーズにしたり、筋肉の一部への圧迫を避けられることを意味しています。また、体圧分散は体重をバランスよく分散させることで、快眠や安眠を実現します。

このような特性が備わっているエアウィーヴは、アスリートのみならず、快適睡眠を求める方々にとって強い味方になるといえるのではないでしょうか。

Column

性差による睡眠リズム(1)

成人の睡眠リズムは、1日を基本に一定の時刻で起きます。一定の時刻とは夜間のことですが、約7時間の睡眠が1日を周期として起きるということです。これを日周リズムと呼びます。1日周期のことは別のところで触れていますが、概日リズム（サーカディアンリズム）といい、脳の視床下部にある生物時計によって駆動しています。

では、この睡眠リズムに性差というものがあるのでしょうか？

例えば、高齢者では、男性の方が女性よりも昼寝をする人の割合が高くなります。1日の就床時間も、男性のほうが長くなるという現象があるといわれています。また、体温リズムでは、女性よりも男性が加齢にともなって、振幅の低下が顕著であるようです。男性の昼寝の多さは、睡眠の概日リズムの振幅が低下することによって、起ると推測されています。つまり、高齢者では男性は女性よりも、睡眠リズムのメリハリが少ないために、昼寝が多くなるのだろうというわけです。それは、日常生活が女性の方が充実しているからだと考えられています。

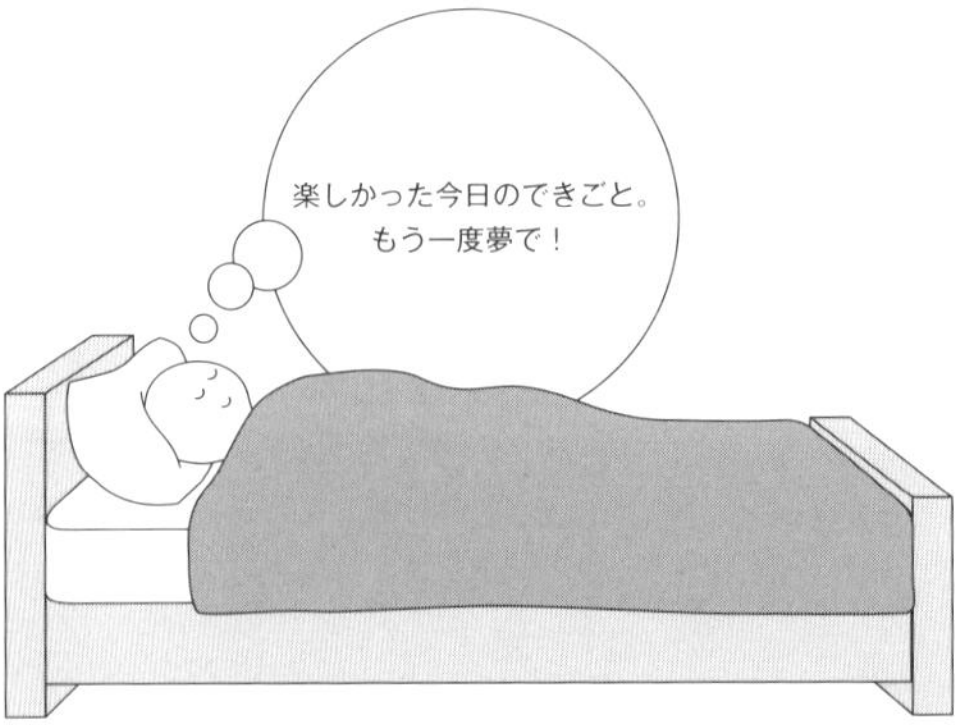

第5章

寝間着も大事な睡眠の要素

35 〝寝間着〟の由来はいったいどんなもの

日本では、寝る時は多くの人が寝間着やパジャマなどを着用するのが一般的です。日本の旅館やホテルに宿泊すると、ほとんどの宿には浴衣が用意されており、寝間着として利用することが多いと思われます。寝間着は、睡眠環境の快適さを提供するための素材の一つといえます。

この寝間着ですが、日本ではいつ頃から使用されるようになったのでしょうか。

文献や資料から紐解くと「寝間着」は「寝巻き」とも呼ばれていますが、日本古来の呼び名は「寝巻き」で、着物や和服の下着に当たるものを指していました。寝間着は、明治維新以降の文明開化による欧米の就寝用のパジャマなどが寝間で利用されたことから、寝間で身につける衣服という意味になり寝間着という呼び名が使われるようになったのです。ちなみに、和服は明治時代以降に、着物を洋服に対する呼び名にしたことから始まったもので、江戸時代以前は「着る物」と言う意味で「着物」と呼ばれていました。着物を呉服とも呼びますが、これは織り方の違いを意味するものです。

寝巻きは、着物の下着に当たるものとされますが、平安時代の「枕草子」には、「夏などのいと暑きにもかたびらいとあざやかにて」とあります。この帷子《かたびら》とは、裏地をつけない「単衣《ひとえぎぬ》」の着物のことで、汗とりのために使用されました。

あるいは、この帷子を寝巻きとして使用していた

帷子（かたびら）

●江戸時代17世紀の帷子
「白麻地篠梅文様帷子」
写真提供：京都国立博物館

浴衣と湯帳

●現代の浴衣

●復元された「湯帳」

資料提供：道後温泉旅館協同組合

のかも知れません。この単衣の素材は夏には生絹や麻で仕立てられ、冬は寒さ対策のため練絹で作られていたといいます。

着物の下着としては、襦袢《じゅばん》がありますが、江戸時代の頃より着られ、襦袢のはじめは半襦袢でした。その後、遊女が寒さ対策に足首まであるものを着るようになり、長襦袢が一般的になったという歴史があります。この長襦袢も寝巻きとして使用されたようです。

一方、現在、浴衣は寝間着としても利用されるようになっていますが、この浴衣の原型は古く、7世紀頃の飛鳥時代に入浴をするときに着る肌着として「湯帳《ゆちょう》」というものがあったと確認されています。女性天皇の斉明天皇や持統天皇が、愛媛県松山市の「伊予の湯」（現在の道後温泉）に入浴された時に着用したと、「日本書記」に記述があります。この湯帳の素材は麻であったと推定されています。

平安時代に入ると、帷子は「湯帷子」としても使用されるようになりました。平安時代の貴族は湯ではなく、蒸し風呂に入っていたため、やけど防止、汗とり、裸を隠すために着ました。

鎌倉時代には、男性は褌、女性は腰巻きのような「湯文字」を着用して、入浴するのが一般的になったといいます。

江戸時代に入ると銭湯が普及し、裸で入浴するようになりました。湯上がり後、肌の水分をとったり、涼んだり、湯冷め防止のために湯帷子が着られるようになりました。江戸時代の銭湯の２階にはサロンのような休み処があり、ここには社交場としての役割がありましたが、帷子を着てくつろいだようです。その後、湯帷子は外でも着られるようになり、浴衣として一般的になっていくわけです。

ちなみに、江戸時代の銭湯は混浴でしたが、江戸時代の「天保の改革」（１８４１年）の頃に、浴槽に仕切りをして禁止されました。

寝巻きは、浴衣の原型である「湯帳」にあるといえるようですが、平安時代に、暑さや寒さ対策として使用された「単衣」にもその原型はみられるといえそうです。

一口メモ

もともと「寝巻き」は和服の下着に当たるものを指していた。

36 寝間着とパジャマの違いとは？

先に寝間着の歴史について述べましたが、ここでは明治維新以降に外国から導入された寝間着について述べていきます。

パジャマの語源は、インドのヒンディーで、「ゆったりとしたズボン」のことを意味するものですが、これをイギリス人が母国に持ち帰って、寝間着として使用したことから、世界中に広がったといわれています。

ネグリジェは、ワンピース型の寝間着で、17世紀頃にフランスで使われはじめ、男女を問わず使用されていました。後に、女性のゆるやかな部屋着、あるいは化粧着として使用されるようになっていきました。

ランジェリーは、フランスでは装飾が多い女性の下着としての意味でしたが、1970年頃に日本では室内で着られる部屋着として導入され、寝間着としても使用されました。このため、ランジェリーは部屋着と、本来の下着としての意味と2つの意味合いを持つことになりました。

ナイトウェアは、夜寝る前に着る部屋着のことで、寝間着としても使用されるものをいいます。

中世時代の宮廷詩人が語り伝えた恋愛物語、騎士トリスタンと王妃イゾルデの悲恋に描かれたなかに、ヨーロッパでパジャマやネグリジェを着用する以前に、どのような寝間着を着ていたかを知ることができます。

外国の寝間着

●パジャマ

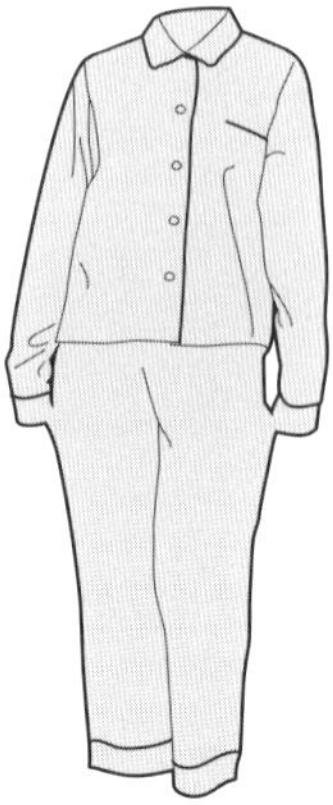

インドが発祥というパジャマ

●ネグリジェ

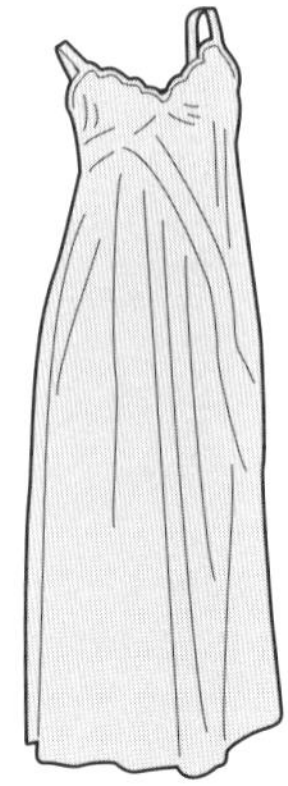

17世紀フランスが発祥というネグリジェ

この恋愛物語に、「トリスタンとイゾルデが眠っているところを見つけ出された時、イゾルデは〝丈の長い肌着〟を、トリスタンは〝ズボン下〟を、それぞれ身につけていた」とあり、12世紀頃のフランスの寝巻きとされるものの記述がみられますが、あるいは寝間着という概念がなく、肌着などで寝ていたとも考えられます。

12世紀というと、日本は平安時代の後半になりますが、すでに、単衣《ひとえぎぬ》や帷子《かたびら》が寝間着として使用されていました。

外国から導入された、バジャマをはじめネグリジェなどの寝間着は、いずれもゆったりしたものという意味が込められているようです。寝間着が睡眠にとって、邪魔にならないことと、発汗と寒さに対応することがその目的となっていると思われます。それは日本の寝巻きも同様であるといえます。

37 裸で寝るのが一番という、寒い地方での習慣とは？

１９５０年代にアメリカのハリウッドトップスターとして活躍し、20世紀の代表的セクシー女優のマリリン・モンロー（Marilyn Monroe）が、シャネルの５番の香水をまとって、あとは生まれたままの姿で寝ていたことは、当時、世界に発信され余りにも有名です。

また、「モンロー・ウォーク」がトレードマークで、世の男性たちを悩殺し魅了しました。この事実から、「裸で寝る」ことが、世界に拡散したのでした。

例えば、アメリカのある睡眠研究機関によると、イギリスでは30％、カナダは14％、アメリカとメキシコは12％が、裸で寝ているという調査結果があるようです。

また日本では、１９７２年に映画化された「忍ぶ川」に、新婚の２人の間で「寝間着なんか着るよりずっとあたたかいんだよ」という会話があり、雪国の風習であるかのような場面がありました。これを観た方は、寒い地方では裸で寝るのが一番良いのか、それが習慣なのか、と思われた方も多かったのではないでしょうか。

では、実際に裸で寝る場合のメリットとデメリットはどうなのでしょうか。

●メリット

・睡眠時の開放感

寝間着や下着の締め付けがなくなり、ストレスから解放され、寝返りもしやすくなります。

・新陳代謝の促進

裸になることによって、締め付けから解放され血液循環がよくなり、代謝が促進されて成長ホルモンも促され、睡眠による身体のメンテナンスもスムーズで疲労回復ができるとされます。

・美容効果がある

新陳代謝の促進による成長ホルモンの分泌が活発になり、アンチエイジング効果によって、皮膚の代謝をスムーズにし、肌荒れなどをなくすため美容に良いとされます。

・免疫機能を促進する

やはり、代謝効果による様々なホルモンの分泌により、新しい細胞を作り出し、免疫効果も高まるという専門家もいるようです。

・ダイエットにも効果的

裸で寝ると、締め付けなどのストレスから解放され、安眠ができて睡眠時間も十分とれるようになるといいます。それが、次のような効果をもたらすとされます。

米コロンビア大学の研究チームは、睡眠時間が少ない人ほど太りやすい傾向があり、最大で73％も肥満の危険があるとアメリカ肥満学会で発表しました。

睡眠時間が7～9時間の人に比べ、

睡眠が4時間以下の場合：73％

睡眠が5時間程度の場合：50％

睡眠が6時間程度の場合：23％

その理由は、睡眠不足になるとレプチンが減少し、逆に食欲を増すグレリンが増えて、太りやすい体質になるというわけです。

●デメリット

・発汗により、寝具の汚れが増す

裸で寝ると！

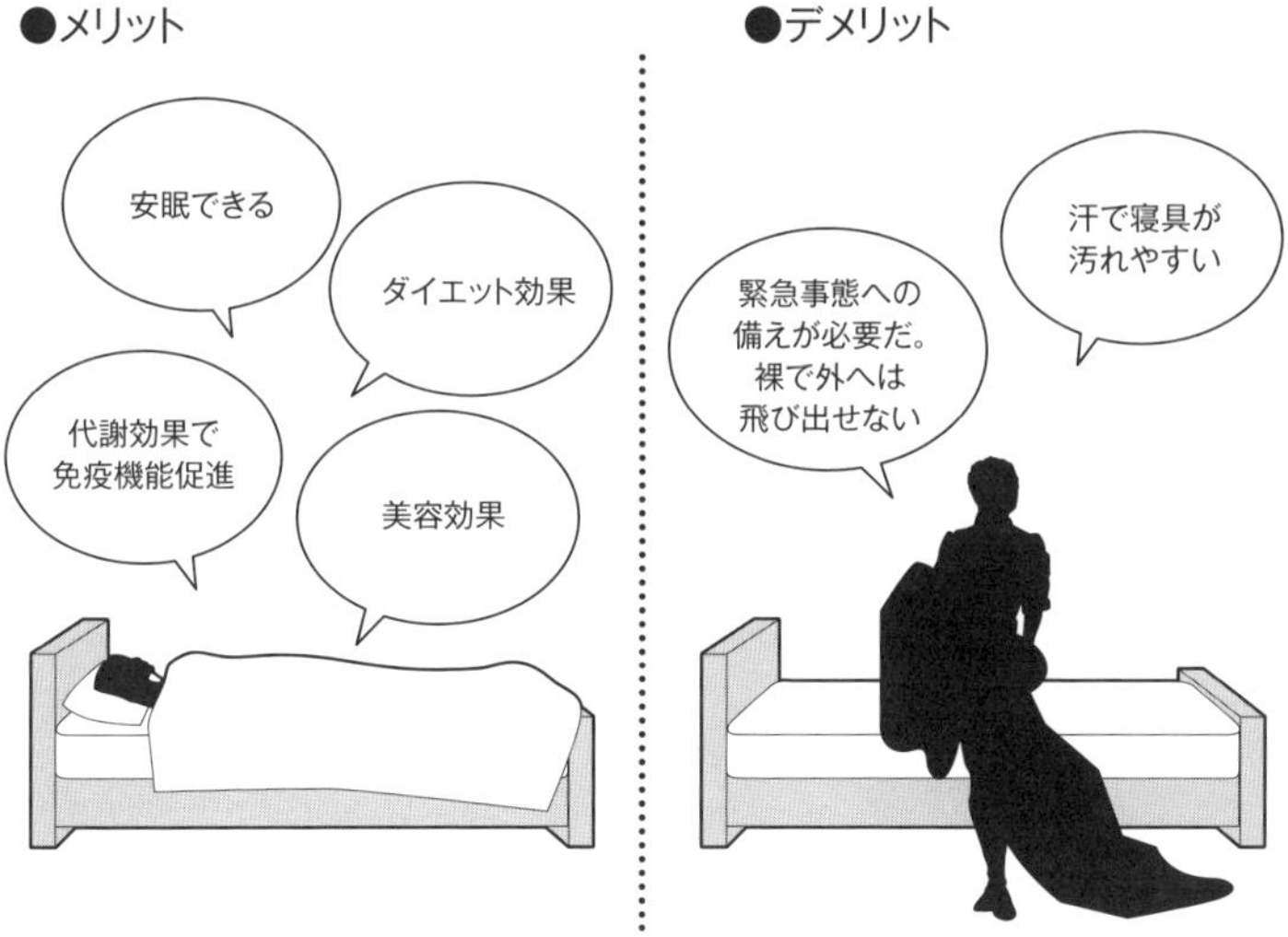
●メリット
安眠できる
ダイエット効果
代謝効果で
免疫機能促進
美容効果
●デメリット
汗で寝具が
汚れやすい
緊急事態への
備えが必要だ。
裸で外へは
飛び出せない

裸で寝ると、汗によりどうしても布団などの寝具が汚れます。また、寝相が悪いと寝冷えや、風邪をひいたりすることも。

・災害時への備えが必要

地震や火事などの緊急事態への備えをしておく必要があります。

以上、裸で寝たときのメリットとデメリットを説明しました。これらのことから、メリットには快眠によるホルモン分泌によりさまざまな効果があり、デメリットでは衛生面での注意が必要といえるようです。

一口メモ

日本人はなかなか裸で寝る人は少ないけれど海外ではけっこういる。

38 寝間着やパジャマの素材は大事

快適な睡眠を得るための寝具の一つとして寝間着やパジャマを着用しますが、これらがどのような素材でつくられているのか、また、その寝心地はどうなのかについて、説明します。

まず、睡眠にとって寝間着やパジャマの素材選びでポイントとなることは、

・汗をとる吸湿性が高く、ムレないこと
・衛生面と清潔性を保つ意味で、繰り返し洗濯してへたらない生地のもの
・ゆったりとして、寝返りがうちやすく、寝ている間に着乱れしないもの
・夏は熱の放散、冬は防寒をできる素材
・肌触りが良い素材のもの

これらのことを踏まえた寝間着、パジャマを選ぶことによって、安眠などに導かれるといえそうです。次に、素材について主なものを紹介しましょう。

●寝間着、パジャマの生地素材

・シルクは、人の肌に近い肌触りで軽く、まさに最高級グレード。吸湿性と速乾性に優れ、夏に涼しく、冬は温かいのもシルクの特質といえます。最近は、自宅の洗濯機で洗えるものもあります。
・コットン（綿）は、汗の吸湿性があり、ムレがなく、肌触りもさらりとやさしく、ふんわりと身体を包み込むようだといいます。春から秋用と冬用な

寝間着、パジャマの生地素材

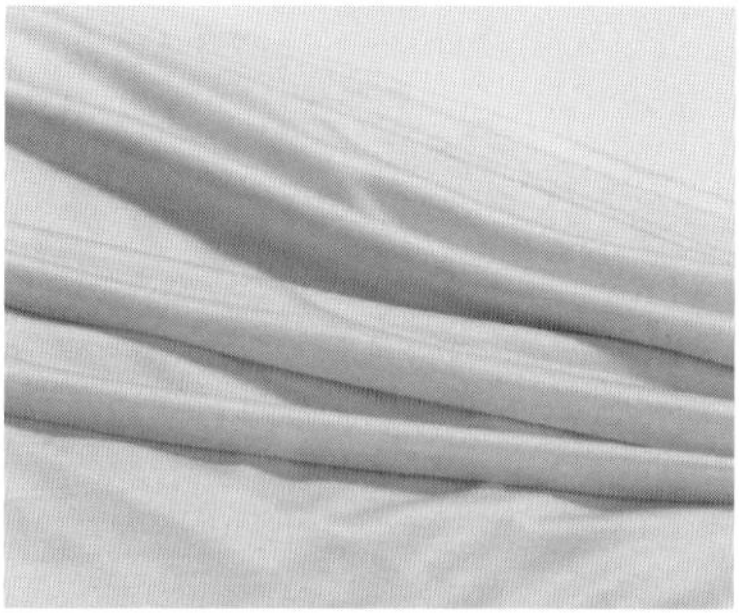
絹（シルク）

綿（コットン）

麻（リネン）

ガーゼ

写真提供：パジャマ工房㈱ラブリー

ど、季節ごとの品揃えも豊富で、多くの方が使用している素材といえます。

・麻は、天然繊維として熱の伝導性が最も大きく、寝間着・パジャマで着用した場合に、体温を奪い速やかな放熱性を持っていて、肌への接触冷感や涼感があるといいます。耐久性にすぐれ、丈夫で、洗濯で汚れも落ちやすく乾きも早いという特徴があるようです。

・ガーゼは、保湿性と吸水性に優れており、適当に暖かくて涼しいという肌触りも快適です。介護用に多く使われています。

寝間着、パジャマの生地素材は、それぞれに特徴があります。安眠に導いてくれるものを選びたいものです。

39 時計を付けているだけで眠れない

「腕時計を付けているだけで眠れない」とは、意外と知られていないようです。最近は、若者を中心に腕時計をする人が少なくなりました。スマホなどの携帯電話を時計替わりにする方が多くなっているからでしょうか。

さて、人の皮膚感覚や深部感覚は、体性感覚といいます。皮膚感覚は皮膚に接触する粘膜（口腔粘膜や鼻粘膜などのほかに角膜や鼓膜も含みますが）、皮下や粘膜下の組織で、主として接触刺激によって感じられる感覚のことです。ちなみに深部感覚は、皮膚と内臓の間にある中間組織で筋や靱帯などをさします。

皮膚感覚には、触・圧覚、温覚、冷覚、痛覚があるわけですが、その受容器は先端が膨大した神経終末にあります。深部感覚には意識にのぼるものとのぼらないものとがあり、意識できるものは運動感覚として、空間における身体の位置や、身体に加えられた抵抗や重量を感じるものです。

一方、人の身体は、触れられたり、圧迫されたり、振動することに対して、非常に敏感に反応するようにつくられています。これらの刺激に反応するのは、表皮の下にあり、触覚を検知するマイスナ触覚小体というものです。この他に、皮下組織の中に埋め込まれていて圧覚や振動覚を検知するバッチー二層板小体があります。この検知器官は、胃の膨らみによる満腹感を脳に伝える機能も有しています。

１ミクロンの動きを感じる人の触覚

腕時計をして寝ると触覚と圧覚が
脳に伝わり、快眠のためのホルモン分泌が
抑制されてしまいます

例えば人の手の指先の皮膚領域はわずか1μ（ミクロン・1000分の1ミリ）へこむだけでも感じるほどです。この圧迫についてはマイスナ触覚小体が脳に信号を送っています。

ところが、脳への信号は大変複雑な経路と様々な配置の器官を通ります。それは、あたかも触覚・圧覚に対して脳の多くの部位が感覚できるようにしているとも思えるものです。

例えば、第一次ニューロンの電気信号は、脊髄《せきずい》の後根神経節《こうこんしんけいせつ》、舌咽神経《ぜついんしんけい》の下神経節《したしんけいせつ》、三叉神経節の内部の細胞体を置く下延髄《したえんずい》に送られます。次に第二次ニューロンは視床核に伝えます。視床核内の細胞体から大脳皮質の中心後回へは、第三次ニューロンを介して伝わり、ここでようやく触覚や圧覚を意識することになるわけですが、触覚・圧覚が識別性の場合には、単なる触覚や圧覚とは、多少異なる伝達経路をたどることになります。

さて、触覚・圧覚について詳細に述べてきたことから、時計をしている状態というのは、手首の触覚と圧覚を通して脳に電気信号を伝えていることが理解できます。それは、腕時計をしていることは意識にのぼらない感覚ですが、脳のさまざまな部位は、第一次から第三次までのニューロンが送られてきているので、常時確認されていることになります。

すると睡眠では、睡眠を誘発するメラトニンなどを分泌をしますが、腕時計をしたままでいると、そちらへの対応する自律神経が活動しているために影響を受けることが考えられます。つまり、自律神経の交換神経によるストレスや副交感神経を刺激することと同じ効果を持つことになるといえるでしょう。

後に触れますが、スマホや携帯電話の電磁波や強い光を浴びることで、寝つきが悪くなる恐れがあります。それは電磁波や強い光が脳温度の上昇を促し、睡眠を誘発、コントロールするメラトニンという神経伝達物質のホルモンの分泌を抑制してしまうからです。つまり、腕時計をするだけで、眠れないということが起きてしまうのも同じようなことがいえるのです。

寝つきを良くし、快眠をするためには、腕時計を外すことが大事なことといえます。

意識にのぼらない感覚でも
脳はちゃんと感じて
いるから睡眠に
影響がでるんだね！

40 寝間着のメリット、不眠の解消？

ここまで、寝間着やパジャマの歴史や効用について述べてきました。夏の汗とり、冬の防寒が、寝間着やパジャマの着用を促していることから、多くの方が利用していることがわかりました。また、パジャマはゆったりとして締め付けのないことが必要であることも理解しました。

一方、裸で寝るメリットとして、解放感や睡眠リズムや睡眠誘発で優れた効果があり、それに対応するシルクの寝間着、パジャマにより人肌の感触を得られることで、裸で寝る効果があるということもわかりました。やはり、裸で寝るということはそれなりの効果がもたらされるのであろうといえます。

これらのことから、裸で寝ることが人にとって最適といえそうです。しかし日本での実態は、ほとんどの方が、寝間着やパジャマを着用しています。寝間着やパジャマを着用することにそれだけメリットがあるということなのでしょう。

ここで、一体その理由は何なのか、という疑問が湧いてきます。

まず、遺伝子や脳による習性化がその一つと考えられます。次に、深層心理に培われた災害などに対する防御行動ではないかと考えられます。

日本の歴史は、災害に見舞われ続けてきた日々の連続といっても過言でありません。地震や津波、台風、豪雨など世界に類のないほどの自然災害の多い地であり、日本人はそれらから逃れてきた歴史があります。先にも触れましたが、睡眠中に火事や突発的災害から身を守るためには、裸ではなく、何か身にまとっていることによって安全性と安心感があったといえましょう。特に睡眠時は、意識レベルにおいて意識の低下状態にあるわけですから、その意味でも、何かを身にまとうのは本能的な要請ともいえるのではないでしょうか。

余談になりますが、人間は常に異物に対する防御体制を持っています。その典型はくしゃみです。異物を外に出すためのものです。また、身体の体温が上がるというのは、細菌などの異物を熱で殺そうとする身体の防御策です。この他に、妊娠で子どもを身ごもることも、母親の身体は子を異物として捕えます。それは、父親が持つMHC（主要組織適合抗原）が母親にとって異物とし、母体の子宮の調節細胞が免疫系の排除を規制するのです。母体は免疫機能を低下させて受け入れているのです。

すなわち、遺伝子レベルでみると、人の身体は常に異物に対する防御がなされているということになりますが、人間の身を守るという防御においては、心身ともに強く行われているというわけです。それだけ安心感への希求が大きいのです。

さて、遺伝子や脳による習性化というのは、人は随意運動という姿勢の維持や、運動機能が備わっています。例えば、自転車を一度乗れるようになると、終生覚えていることなどです。これは、主に脳の小脳が働いています。同時に、小脳では言葉の含んでいる概念を変換するという認知機能も持っており、例えば、机と認知すると勉強という反応が働きますが、同様に、寝るという認知に寝間着を着るという反応もでてきます。

このように、ある目的のための習慣が、脳にインプットされていると、それは、人の身体の表面においても、外部温度への対応が行われていて、暑さや

安心感、解放感、どちらを選択？

寒さに対して、身体の深部温度を一定に保つための調整をしつつ、その対応策を指示するわけです。それは、汗による放熱と、放熱を防ぐ防寒です。解放感以上に、身に何かをまとうことによる安心感を機能させていることにつながります。

特に、日本人はセロトニンの分泌がアメリカ人に比較すると大変少なく、神経質な傾向に生まれついていることは先に触れましたが、心配性の傾向があるといえます。それが何世代にもわたって遺伝的に引き継がれて、安心感に対する要請が強くなり、それが習性となっているともいえるのです。

すなわち、睡眠時の寝間着の着用は、災害などの外的要因と脳や認知機能などの内的要因による習性化が身についているからと考えられます。寝間着の着用は、不眠にならないよう、身体自身が実行しているのです。

Column

性差による睡眠リズム(2)

就床している時間のうち実際に睡眠している時間の割合を睡眠効率といいますが、一般に50歳を過ぎると覚醒反応が増えて、睡眠効率が低下し、高齢者では70～80％も下がるといいます。覚醒反応とは、生体反応のことで、一般的にいうところの目覚めではありません。

そこで、男女比では、女性の方が睡眠効率がよく、就床時間は短いが、夜間の覚醒の回数も少ないということです。

先に触れましたが、睡眠は脳からのホルモンにより、成長ホルモンを通して細胞の修復による肌の回復、免疫系の働きを活性化するサイトカインという物質を盛んに分泌して、ウイルスや細菌を攻撃するわけですが、睡眠効率が良い女性の方が平均寿命で優るというのも頷けるように思われます。

さらに、若い成人では、レム睡眠量は男女とも総睡眠時間の30％を占め性差はみられませんが、中高年になると、レム睡眠量で女性の方がやや多いという結果が報告されています。

これについて、「レム睡眠は系統発生的、個体発生的により古い睡眠と考えられることから、生物にとってより必須の睡眠といえるでしょう。したがって、高齢になってもレム睡眠を手放さない女性の方がより強い生物体といえるかも知れません」と、横浜市立大学田中富久子名誉教授は述べています。

第6章

良く眠る(熟睡)ための環境づくり

41 寝室の日本史はどうなっているの？

睡眠環境は、安眠、快眠、熟睡するために欠かせない要素のひとつです。そのための様々な工夫や個々の方法が行われていますが、それらについて述べる前にここでは寝室というものを取り上げます。日本人は意外にも睡眠について、古来より関心を持っていた歴史が垣間みられるからです。

日本の建築物の歴史には、「寝殿造り」という平安時代の貴族の住宅形式工法があります。当時は、寝殿と呼ばれ居住と儀式や行事を行った住居の中央にある場所で、正殿のことを意味しました。また、広辞苑では、天子が平素起臥する宮殿とありますが、やはり寝殿と称され、後にこの建築様式は「寝殿造り」といわれるようになりました。

この寝殿造りは、南向きに建てられ母屋の正面5間と側面2間を中心に庇《ひさし》をめぐらせた構造で、その母屋のなかには、板扉と壁で囲まれた「塗籠《ぬりごめ》」という睡眠のための空間が設けられていました。平安時代は、「妻問婚《つまどいこん》」といって、夫が妻のところに通う婚姻形式で、この夫婦のために塗籠が使われたといいます。

また、この塗籠9世紀後半~10世紀前半の平安時代初期に書かれたとされる日本最古の物語の「竹取物語」にも出てきます。かぐや姫が天上に召される段に、守ろうとしてかぐや姫を塗籠に入れたと描かれており、塗籠は大事な物をしまう場所としても使われていたようですが、寝室としての利用が主でし

睡眠が重要視された？　古代の日本住居

●チセ

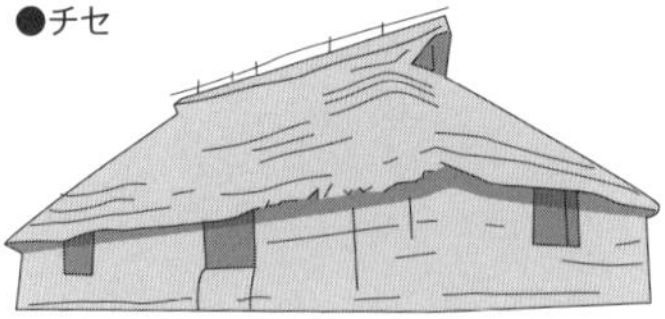

「アイヌの伝統的住居建築」

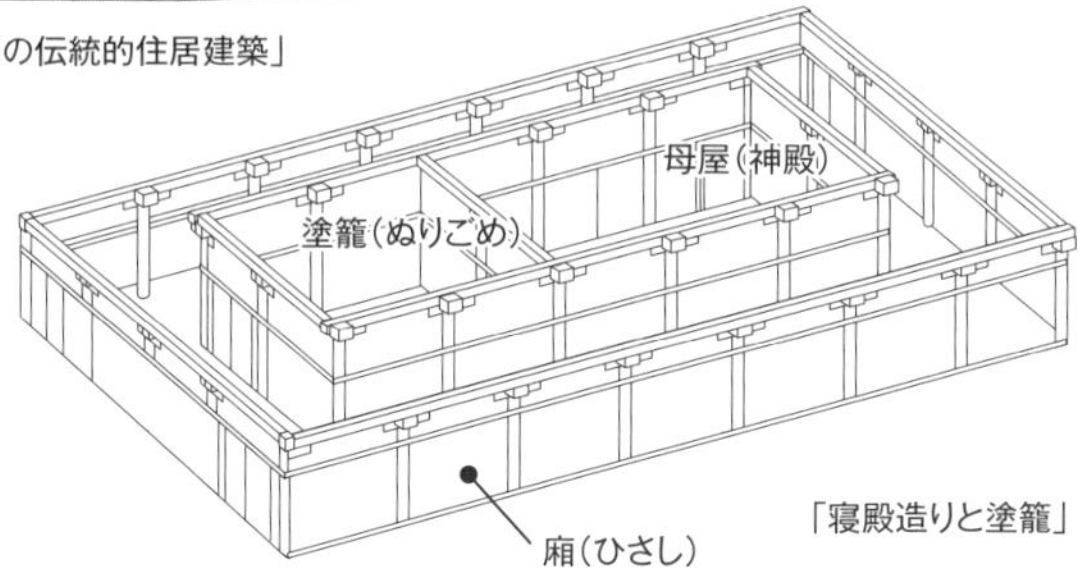

「寝殿造りと塗籠」

た。塗籠は、寝室の原型ともいえる空間であり、それは、睡眠が古代から大事なことであると考えられていたのでしょう。

さて、先に寝具のベッドの歴史の項で、三大丸山遺跡にはベッド遺構と同様の「テラス状住居」があることを述べました。また、三大丸山遺跡には、5500年程前の縄文時代の中期につくられたという高床式の建築物があり、そこには地べたに生活痕跡がなく、一体何に使われたのか未だ解明されていません。「倉庫だったのでは？」と、倉庫的な建物が復元されています。

日本の住居は、1500～2000年前頃に竪穴式住居から高床式住居へと変遷していますが、なぜ、4000年以上にわたって、生活の基盤が竪穴式住居で維持されたのかという疑問が起きます。しかし、考古学的には結論が得られていません。

これについては、高床式住居に比べ、竪穴式住居は寒さ対策に優れた住居空間であり、そのためではないかとも考えられています。このことから、夏の暑い期間だけ高床式住居で睡眠をとったのではないかという推測が成り立ちます。

北海道のアイヌ民族の住居は、冬は竪穴式住居（土の家。トイチセ）と、その近くに土の上に建てたアイヌの伝統的住居、掘立柱建物（チセ）があり、このチセは夏の暑い間だけ使用されていました。つまり、チセは暑さ対策の住居であったわけですが、あるいは、高床式建物は、夏の睡眠に使用したとも考えられ、寝室としてのルーツでは？という、大胆な仮説も成り立つのではないでしょうか。

平安時代から室町時代になると、寝殿造りから発展して、寝室は寝るだけの空間として利用するだけでなく、奥まったところにつくられ、身を守る場所としても使われるようになってきました。住居としては、「書院造り」という床の間の飾り座敷をメインにしたものが造られるようになりました。この住居形態は、床の間などを通して現代にまで引き継がれているといえましょう。

書院とは、書斎と居間を兼ねたという意味を持つといわれていますが、そのメインは「床の間」の存在で、なぜ「床」という眠りと関連する文字が使われたのかは諸説あります。

いずれにしても、日本の代表的な住居建築に「寝殿」「床の間」と、睡眠に関係する語句が使われていることは興味深いことです。眠りが重要視されていた証しなのでしょうか。

江戸時代に入ると寝具として綿入りの布団が普及しはじめ、一般の庶民生活では居間兼寝室でしたが明治時代に入ると、一般庶民の家は江戸時代の下級武士の住宅が基本形になっていきます。床の間、茶の間、台所を備えた住居で、これは、現代の一般的住宅に引き継がれています。

42 快眠のために寝床のなかの温度は32～34℃、湿度は50％が理想的

睡眠環境には寝床環境というものがあります。それは、ぐっすりと眠るためには寝床の温度と湿度がどの程度であれば最も快適な睡眠を得られるのかというのを数値で表したものです。

一般的に、快眠を得られる寝床のなかの温度は32～33℃で、湿度は50％が理想的であると、いわれています。これについて、述べていきましょう。

日本の気候は、季節があり夏と冬とでは、室外、室内の温度差に大きな違いがあります。このことから、季節を問わず寝床を一定の温度と湿度に維持するのは、それなりの努力が必要といえましょう。

さて、人の体温は血流により、組織、臓器間の温度差を平均化するように働いていますが、一般的には体の内部は温度が高く、身体の外側は温度が低くなっています。これを温度勾配といいます。また、四肢では末端にいくほど低くなる縦軸温度勾配もあります。さらに、外気温度によって体内温度分布は変わり、臓器などの生命維持の核心になるものを保護しようと変化します。例えば、次ページの図に示すように、人の身体は殻《から》（腋窩《えきか》）と芯（深部温）の温度を持ち、高温環境や低温環境など、外界の環境変化に対応して、一定の体温を維持します。低温環境下では四肢の血管は強く収縮して熱の放散を減少させるのです。

昔、といっても、数十年前まで、冬の寒い時期は寝床に「湯たんぽ」という足を温めるものが使われ

人の殻《から》(腋窩《えきか》)の温度と芯《しん》(深部温)の温度

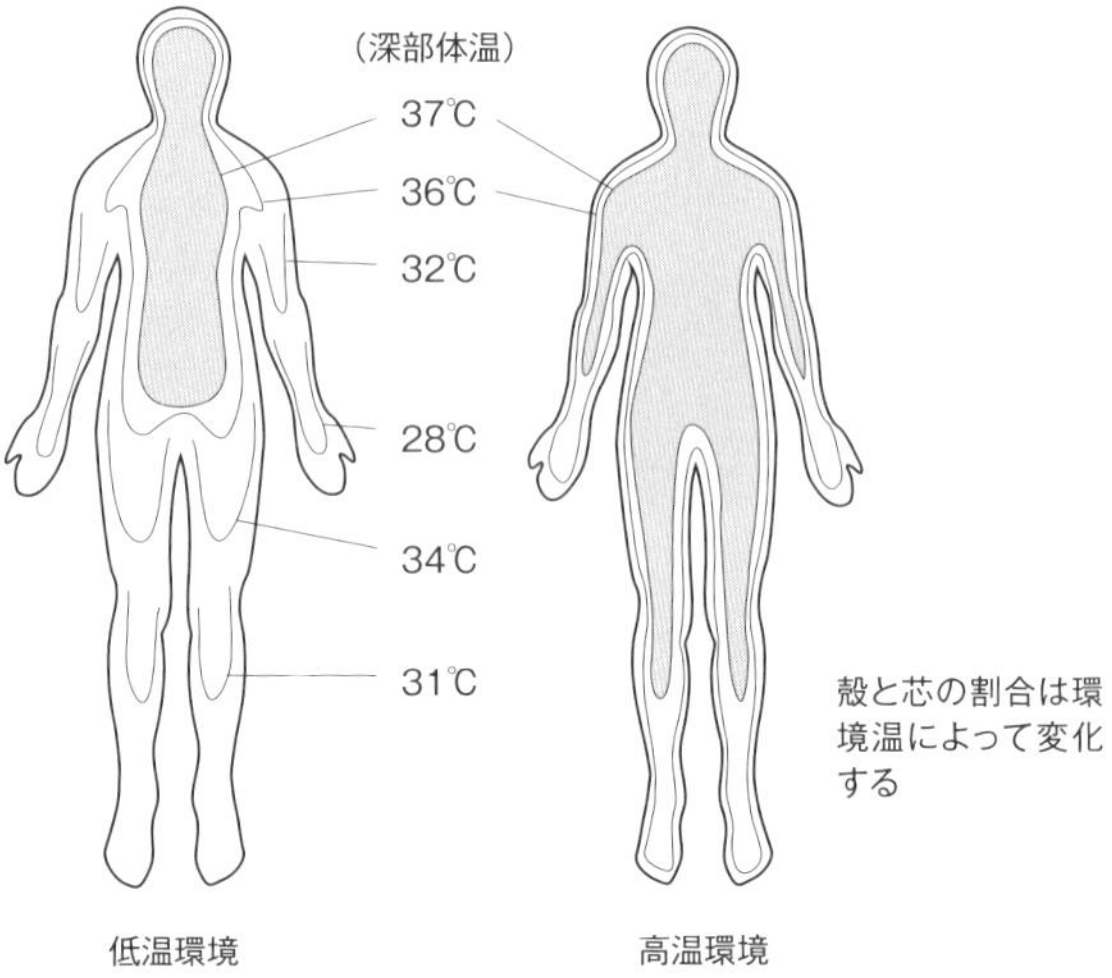
（深部体温）
37℃
36℃
32℃
28℃
34℃
31℃
殻と芯の割合は環境温によって変化する
低温環境
高温環境

ていました。この湯たんぽは江戸時代から使われはじめました。もっと古くは、「温石《おんじゃく》」といって、軽石などの石を温めて布でくるみ、それを寝床にいれて寝床のみならず身体を温めることが日本では行われてきた歴史があります。

このように、冷たい寝床で足を温めることは、低温環境下での四肢の熱の放散を止め、快適な眠りを誘因することになり、理に適ったものといえ、先人の知恵ともいえるでしょう。

ところで、人の身体の表面からは、常時熱が放射されています。これを輻射といい、この熱は波長の長い赤外線の電磁波なのです。そして、身体の表面全体に薄い境界層（厚さ4～8ミリメートル）が皮膚面を覆っています。この境界層は衣服などを身にまとうことで固定され、伝導や対流による熱放散を減らすことができます。熱放散は、代謝による熱生産に対し、体温調節をするということになりますが、人の身体の体温調節は皮膚血管の調節と発汗によっても行われています。発汗では、人の身体の皮膚や気道の粘膜が空気よりも湿っているために、常に水分が蒸発しています。皮膚表面で５００～７００ミリリットル、気道からは１５０～４５０ミリリットル／日の水分が蒸発しています。

これらによって、適切な体温を保持することで、生命維持や身体の健康保持をしているということになります。また、電磁波という熱放散は身体の物理的な仕組みであり、皮膚血管と発汗は生理的仕組みによって行われているのです。

人が快適な睡眠をとるためには、述べてきた物理的、生理的な各仕組みの適切な体温調節が保持される睡眠環境であることが必要であり、重要であることがわかります。

人の身体はある狭い温度範囲で皮膚血管血流の調節のみで基礎代謝量をゼロにすることができ、この環境温の範囲を「中和温域」といい、快感帯になります。これは、人の身体が裸では、外気温度が28～30℃前後の時には、暑さや寒さを感じないとされますが、それはつまり、身体の熱放散と外気温度のバランスが保たれる状態で、中和温域にあるといえましょう。

しかし、人は睡眠中には、０・７～１・２℃ほど体温が下がります。そのため、寝具などにより、熱放散を防ぐことから高めの寝床内温度を保持することが、快適睡眠を得られ、32～34℃の寝床温度が最適であるといえるのです。

次に湿度ですが、人の身体の適正湿度は「快適ゾーン」といわれる40～60％が理想的な湿度とされます。それは、湿度が高いと身体の発汗作用に影響し、体温調節に支障をきたすためです。つまり、寝床内湿度が50％前後であることによって、体温調節が適切に行われ、快適睡眠へと誘われます。

43 光と睡眠を考える

光は、睡眠に関わる脳の神経伝達物質の分泌に影響し、睡眠そのものにも作用します。その中の一つに、睡眠リズムを安定させるといわれる「メラトニン」というホルモンが、睡眠に大きく関わっているということが、最近注目を浴びています。

睡眠に関わるホルモンのメラトニンは、人の身体の脈拍や血圧、体温を下げるという機能や、成長ホルモンの分泌を促す役割も持っています。

メラトニンは、タンパク質を構成する必須アミノ酸の一つであるトリプトファンという物質からセロトニンという神経伝達物質を経て体内で合成され、脳の松果腺から分泌される物質です。

メラトニンが睡眠にとって重要であるというのは、人が持つ体内時計との関わりの中で、睡眠から目覚めて、太陽にあたるとセロトニンが多く分泌され、太陽が沈むとセロトニンの分泌が抑えられ、メラトニン分泌がはじまるという関係にあるからです。

つまり、人は日中には、セロトニンが多く分泌されて活動状態が活発となり、夕方からはメラトニンの分泌が準備され、睡眠を始めるとこれが大量に分泌され、睡眠をコントロールするということです。

このことは、例えば、パソコンを使用すると約1000ルクス、コンビニエンスストア内の千数百ルクスほどの光が目に入射することで、時間帯やその持続時間によっては、メラトニンの分泌量に影響があり、それが睡眠覚醒リズムの障害になるだけで

睡眠と脳の神経伝達物質メラトニンの分泌の関係

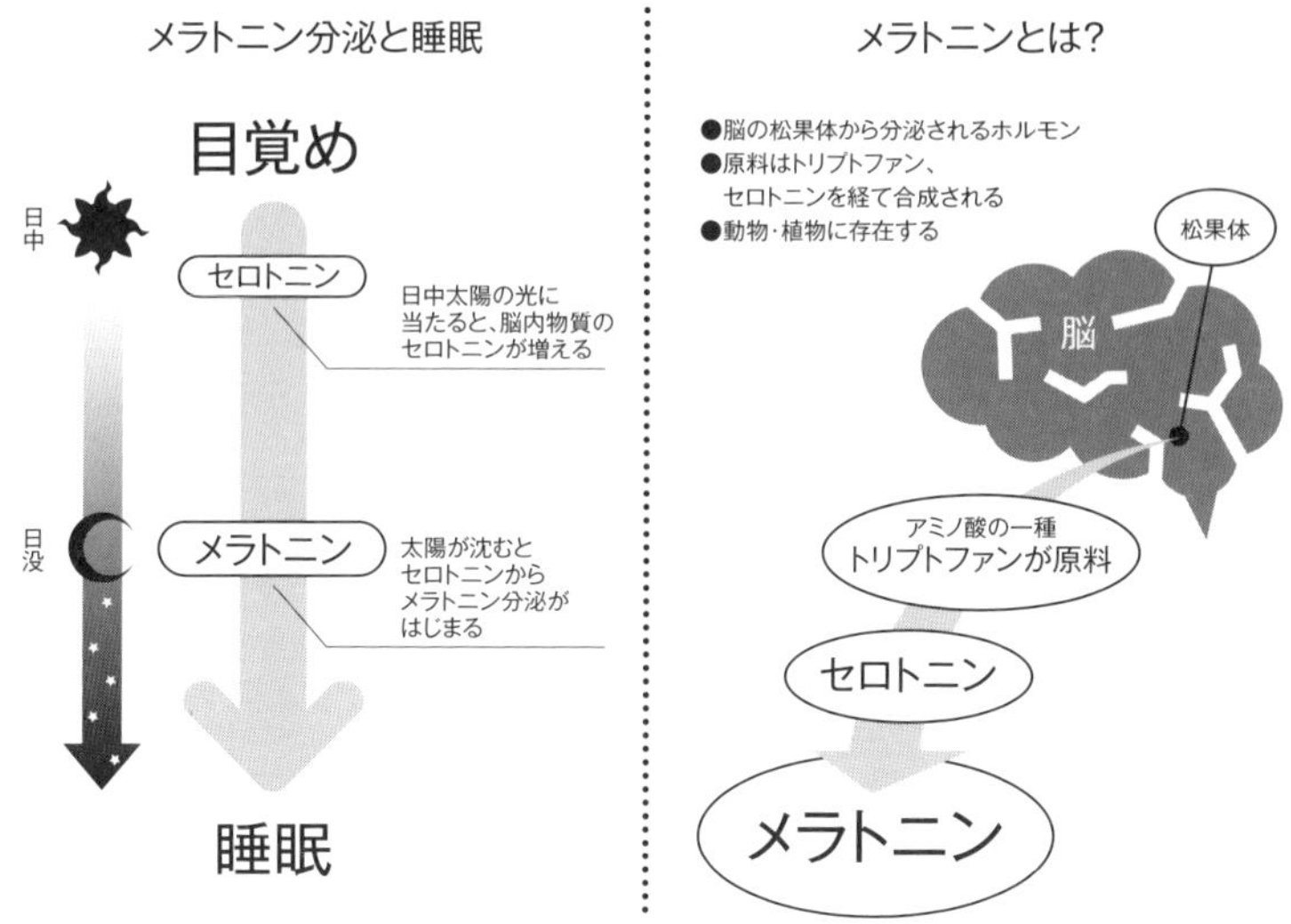
メラトニン分泌と睡眠
目覚め
日中
セロトニン
日中太陽の光に
当たると、脳内物質の
セロトニンが増える
日没
メラトニン
太陽が沈むと
セロトニンから
メラトニン分泌が
はじまる
睡眠
メラトニンとは？
●脳の松果体から分泌されるホルモン
●原料はトリプトファン、
セロトニンを経て合成される
●動物・植物に存在する
松果体
脳
アミノ酸の一種
トリプトファンが原料
セロトニン
メラトニン

なく、体内時計などの生体機能リズムに異常を生じる可能性があるともいわれています。すなわち、光は睡眠にとって充分配慮されなければならないということですが、光の照度が高いとそれだけ影響される度合いが大きいということです。

　ところが、実は光の照度だけではなく、波長（光の色、スペクトル特性）も影響するのです。例えば、一般家庭で使用する照明器具のスペクタル特性（色温度）では、電球色の低色温度の蛍光灯（３０００ケルビン、暖色系の赤っぽい色）と、昼白色の高色温度の蛍光灯（６５００ケルビン、寒色系の青っぽい色）の下でメラトニンの抑制率を比較したところ、高色温度の蛍光灯の方が、メラトニンの分泌の抑制が大きかったという実験結果があります。

　この結果から、メラトニンの分泌抑制を回避するためには、電球色の蛍光灯の使用が好ましく、より睡眠効果を高めるといえます。

光と睡眠のメカニズムについて説明してきましたが、光は睡眠にとって大きく影響することがわかりました。

ちなみに、一般家庭での蛍光灯の明るさは300～500ルクスですが、睡眠のための寝室では、光に邪魔されない、あるいはメラトニンの分泌を促進する明るさは、150ルクス以下が良いとされます。

本文のなかに、トリプトファンという言葉が出てきましたので、これについて説明しておきましょう。トリプトファンは、人の健康には欠かせない物質ですが、体内の合成が十分でない「必須アミノ酸」です。そのためサプリメントが広く流通していて、多くの方に知られているようです。トリプトファンの効能はメラトニンを合成することからもわかるように不眠症、時差ボケ、うつ病などの疾患にも役立つとされています。

しかし、過剰摂取になると、副作用のあることが報告されています。それは、セロトニンを増加させることから、「セロトニン症候群」と呼ばれ、心拍数の増加や高血圧、興奮などの自律神経や神経症状への影響があるということです。

寝る時は150ルクス
以下の明るさだと
光に邪魔されないのだ！

44 体内時計の刻みを、促進・抑制する時計遺伝子

次に、「体内時計」という言葉が出てきましたが、この体内時計をコントロールしている「時計遺伝子」について説明していきましょう。

人の体には、サーカディアンリズム（概日リズム）が存在することは先に触れました（20ページ参照）。この体内時計は、睡眠や覚醒、ホルモン分泌、血圧・体温調節などの生理機能を担っていることを解説しました。

近年、この体内時計をコントロールするという「時計遺伝子」の存在がわかってきたのです。２０１４年には、理化学研究所で、「クロノ（Chrono）」という時計遺伝子のコアとなる一つが発見されています。時計遺伝子には、コアとなる時計遺伝子群があり、体内時計の促進や抑制に関わっているのです。

時計遺伝子群には、ピリオド遺伝子（パー１と２）、クリプトクロム遺伝子（クライ１と２）、クロック遺伝子、ビーマルワン遺伝子があります。クロック遺伝子、ビーマルワン遺伝子は、協同して働いて、ピリオド遺伝子とクリプトクロム遺伝子からタンパクを作ります。この時計遺伝子から時計タンパクが生まれる化学反応を転写といい、作られた時計タンパクが十分量になると、この作業は抑制され、でき上がった時計タンパク自身が細胞核に入り込んで転写を抑制する働きをします。この一連の周期が約24時間（体内時計は25時間周期）というわけ

体内時計の図

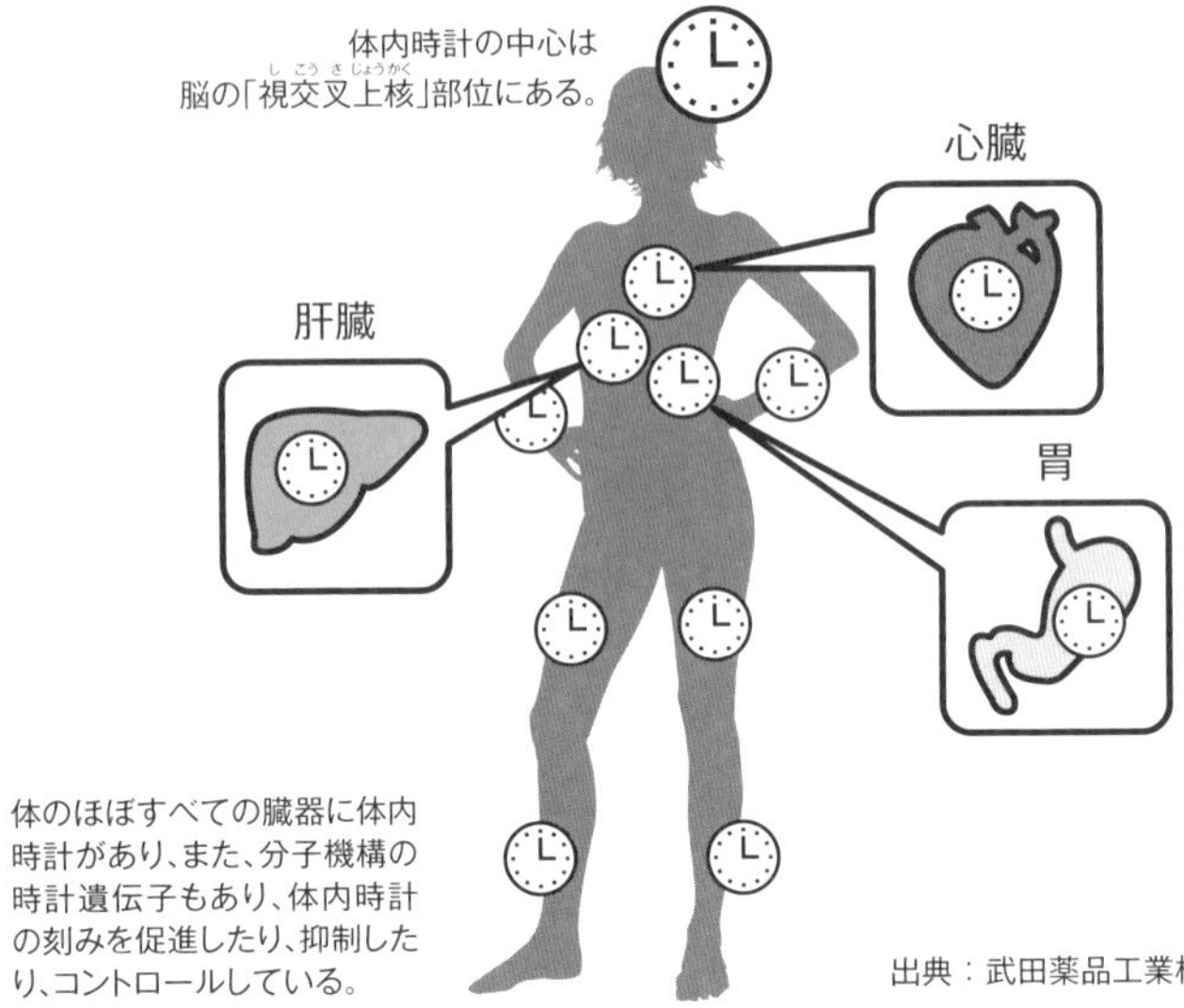
体内時計の中心は
脳の「視交叉上核《しこうさじょうかく》」部位にある。
心臓
肝臓
胃
体のほぼすべての臓器に体内時計があり、また、分子機構の時計遺伝子もあり、体内時計の刻みを促進したり、抑制したり、コントロールしている。

出典：武田薬品工業株式会社

です。

そして、生体リズムはこの周期から、サーカディアンリズム（体内時計）という生態が生み出されているのです。つまり、人の生体は、1日周期のリズムを持つということです。また、サーカディアンリズムは、人の進化の過程で地球の自転に合わせて作りあげたともいわれています。

このコアの時計遺伝子には、補助する時計遺伝子も存在し、これらの遺伝子群は脳をはじめ、心蔵、肝臓、腎臓、血管など、ほとんどの細胞に存在することが明らかになっています。

一口メモ

人間の体内時計をコントロールする「時計遺伝子」があることがわかってきた。

45 眠りを誘う香り、アロマテラピー

嗅覚は外界の気体状の化学物質を感じるもので、外界の液体状の化学物質を感じる味覚とともに、生命の危険を回避するうえで大事な感覚器官です。例えば、においや味によって腐ったものを食しないことを感知し、健康や生命を損なうことがないようにするなどです。

においには、快感を起こす香り、芳香、香気があり、不快感を起こす臭さ、臭気、悪臭があります。地球上には約40万種のにおいを出す物質があるといわれており、人は1000種のにおいを嗅ぎわけられます。

また、嗅覚は非常に敏感で、味覚の1万倍の感度を持つといいます。

その意味では、香りにより療法や治療を行う「アロマテラピー」が、睡眠を誘う、睡眠リズムを導く、癒し効果があるということもいえます。ただし、医学的根拠の存在という意味では難しいものがあり、主に睡眠環境でのリラクゼーション、感覚的効果、心理的効果により、快眠への環境を改善するものといえるようです。

人の鼻上皮には、嗅部があり、そのなかの嗅神経が嗅部で捕えたにおいの情報を脳に伝えます。

この嗅部は、5000万個の嗅細胞が粘液層に10数本ずつの線毛をアンテナのように突出させていて、におい物質が付着した瞬間、嗅細胞にある多種のタンパク粒子が電位活動を発生させる連鎖化学反

快適な眠り、アロマテラピー

嗅上皮

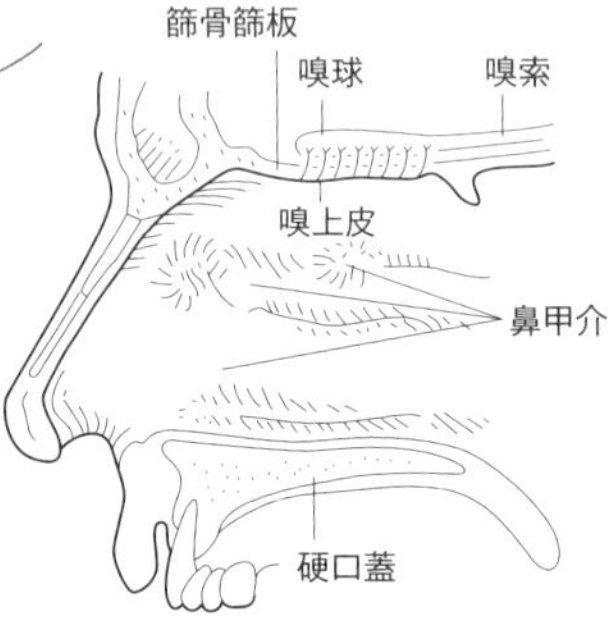

応を起こします。発生した電気信号はニューロンを興奮させ、嗅球へと伝わり、大脳皮質にある嗅皮質に導かれてにおいの判断が行われます。

一方、自律神経系では特殊感覚の嗅覚をもとに、平滑筋、心筋、分泌腺さらに骨格筋の反射効果を起こして内臓機能の調節に関与し、視床下部による内臓機能、体温、内分泌機能調節にも関与します。自律神経は、主に身体の器官の機能を正常に働くように調整する神経系ですが、生命機能の調節や維持に関わり、この神経系の多くは人の意識の関与が無く働いています。

つまり、意識的に感覚することがないということになります。

自律神経の機序の一つとして、自律神経効果器官の大部分は交感神経と副交感神経の二重支配を受けます。交感神経と副交感神経の支配効果は拮抗性支配といって、原則的には促進と抑制という作用を相互に持っています。一方の活動が弱まると、他方の活動が強くなるというものです。つまり、交感神経系は興奮的で、副交感神経では抑制的に活動します。

香りが脳に伝わると、自律神経系ではその香りによって、交感神経と副交感神経が働き、様々な活動をするということになるのです。それは、心身への影響とバランスを整える効果をもたらします。また、睡眠中に寝返りをしやすいなどの寝姿にも影響します。

アロマテラピーで使用される香りの素材には、興奮系のリフレッシュ効果に優れたものと、鎮静系のリラックス効果のあるものに分けられます。それぞれの用途によって適応したものが使用され、良い睡眠環境づくりにも役立てることができます。

睡眠前にリラックスしてから就寝するのは、快適睡眠へと誘われるといえることから、鎮静系の香りを利用することで、熟睡することが可能です。すなわち、眠りを誘う香り、アロマテラピーがより良い睡眠環境をつくるということです。例えば、不眠傾向にある人には、ミカン系やオレンジ系が効果的であるといわれています。

心地好い香りも
睡眠に大きく
影響するんだね

46 寝る前の読書や音楽と気分転換

ふと、夜中に目が醒め、見た夢を思い出し心拍数が増えたりして寝つけなくなったりすることがよくあります。眠ろうと寝床に入っても、イライラ感がつのったり、あせりを感じてしまうことも少なくありません。

このような時にはどうしたらよいのでしょうか。気分転換をすることが一つの解消法といえましょう。例えば、読書をしてみたり、音楽を聴くなど、一時的に眠ろうという気持ちから離れることをお薦めします。なぜなら、眠れない状態の多くの場合は、精神面で意識化されない、あるいは感覚しない自律神経の交感神経系の活動が活発になって興奮していることが多いからです。

先に、自律神経について少し触れましたが、生命機能の調節と維持に関わり、交換神経系と副交感神経系があることを説明しました。また、この交換系の両者は、支配する臓器では相反する働きをすることも述べました。例えば、交感神経系は脊髄といくつかの交換節を介して心拍数と心拍出量を増加させます。それは緊張感を持ったり、ストレスを強く感じたときに活発になるということです。一般的に交感神経は太陽が昇るとともに働きはじめ午後にピークを迎えて、夕方から夜には働きが少しずつ減少して抑えられていきます。

これに対して副交感神経系は、迷走神経背側運動核と心臓神経節を介して心拍数と心拍量を減少させ

自律神経の交感神経と副交感神経の働き

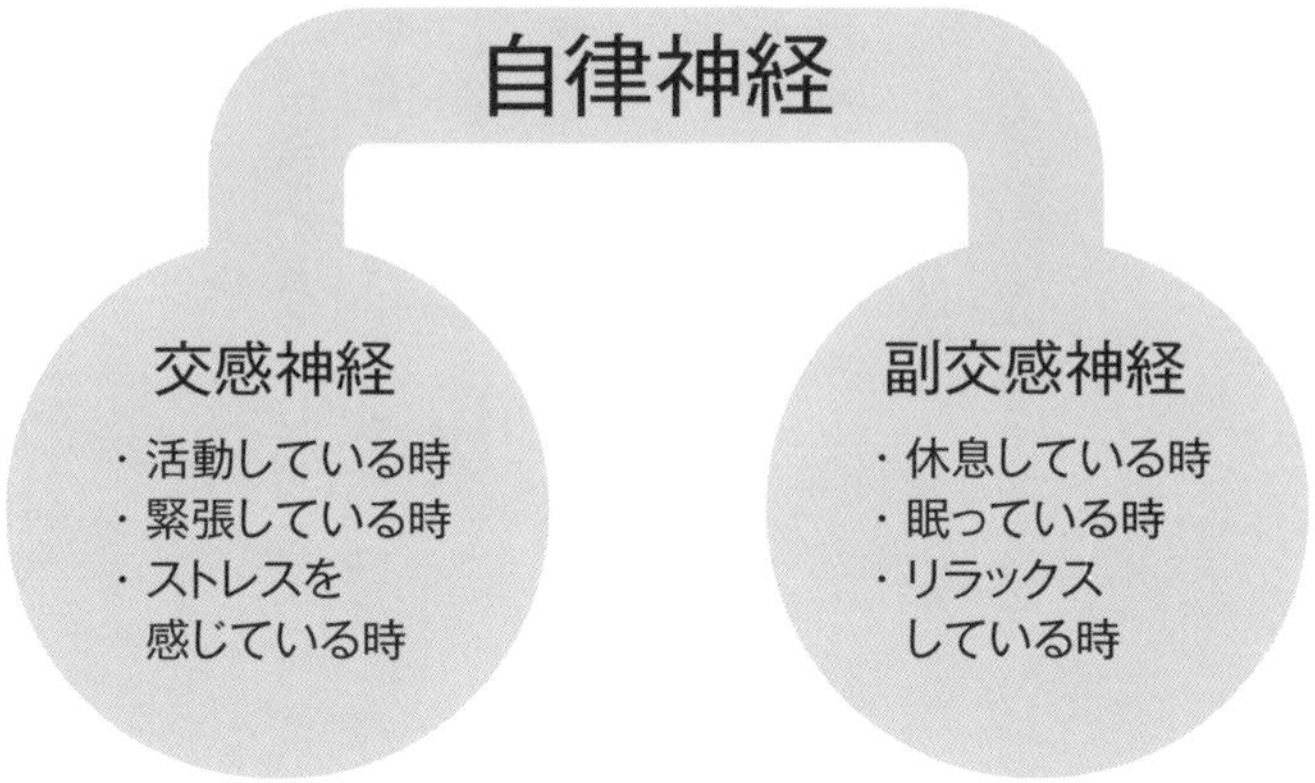
自律神経
交感神経
・活動している時
・緊張している時
・ストレスを
感じている時
副交感神経
・休息している時
・眠っている時
・リラックス
している時

る機能を持ちます。また、交感神経で活発に働いて傷ついた細胞などを修復・回復することや、心身をリラックスした状態へと導く働きもします。交感神経系は日中に多く働くのに対して、副交感神経系では睡眠中にもっとも多く働くのです。

薬理学的に見た各臓器への神経伝達物質にも違いがあり、交換神経系はノルアドレナリン、副交感神経系ではアセチルコリンを分泌して、それぞれ対応し、生体リズムを調整しています。

これらのことから、自律神経系の交感神経系ノルアドレナリンの分泌から切り替えをして、副交感神経のアセルチコリンの分泌を利用してリラックスした状態に導いていき、その効果を利用することでスムーズな眠りを導きだしてはいかがでしょうか。

つまり、読書をしたり、音楽を聴いて心を落ち着かせ、無理に眠ろうとはせずに、気分転換をはかることが寝つきの良さや快眠につながります。

47 自分の寝姿、つまり睡眠スタイルをチェックする

ここでは、睡眠の質を上げるための正しい寝姿についいて説明していきます。すでに、睡眠の正しい姿勢は「立った姿勢が快眠姿勢」ということを述べました。寝姿にはさまざまな姿勢がありますが、個人の好む姿勢もあると思われますが、その寝姿では、快眠、熟睡、目覚めがすっきりとしない場合も多いのです。

そこで、さまざまな寝姿や寝相について書き述べますので、自身の睡眠スタイルをチェックしましょう。

❶ 仰向けスタイル

仰向けになり、手や足をひろげる寝姿はほぼ立ち姿になり、寝返りが打ちやすく、血液の循環も無理がなく全身を巡ります。仰向けスタイルは、新鮮な血液を運ぶ動脈や汚れた血液や廃棄物を運ぶ静脈もうっ滞することなく流れ、静脈瘤や血栓ができにくくなります。加えて、代謝により生産された熱の放散もスムーズでぐっすりと眠れ、かつ寝つきもよいとされます。

❷ 横向きスタイル

横向きスタイルは、寝姿としては仰向けスタイルの寝姿と遜色はありません。反対側の横向き姿になる寝返りには多少難を伴いますが、正しい寝姿の一つといえます。

睡眠時無呼吸症候群に疾患している方には、最適な寝姿といえます。この疾患の方は仰向けに寝る

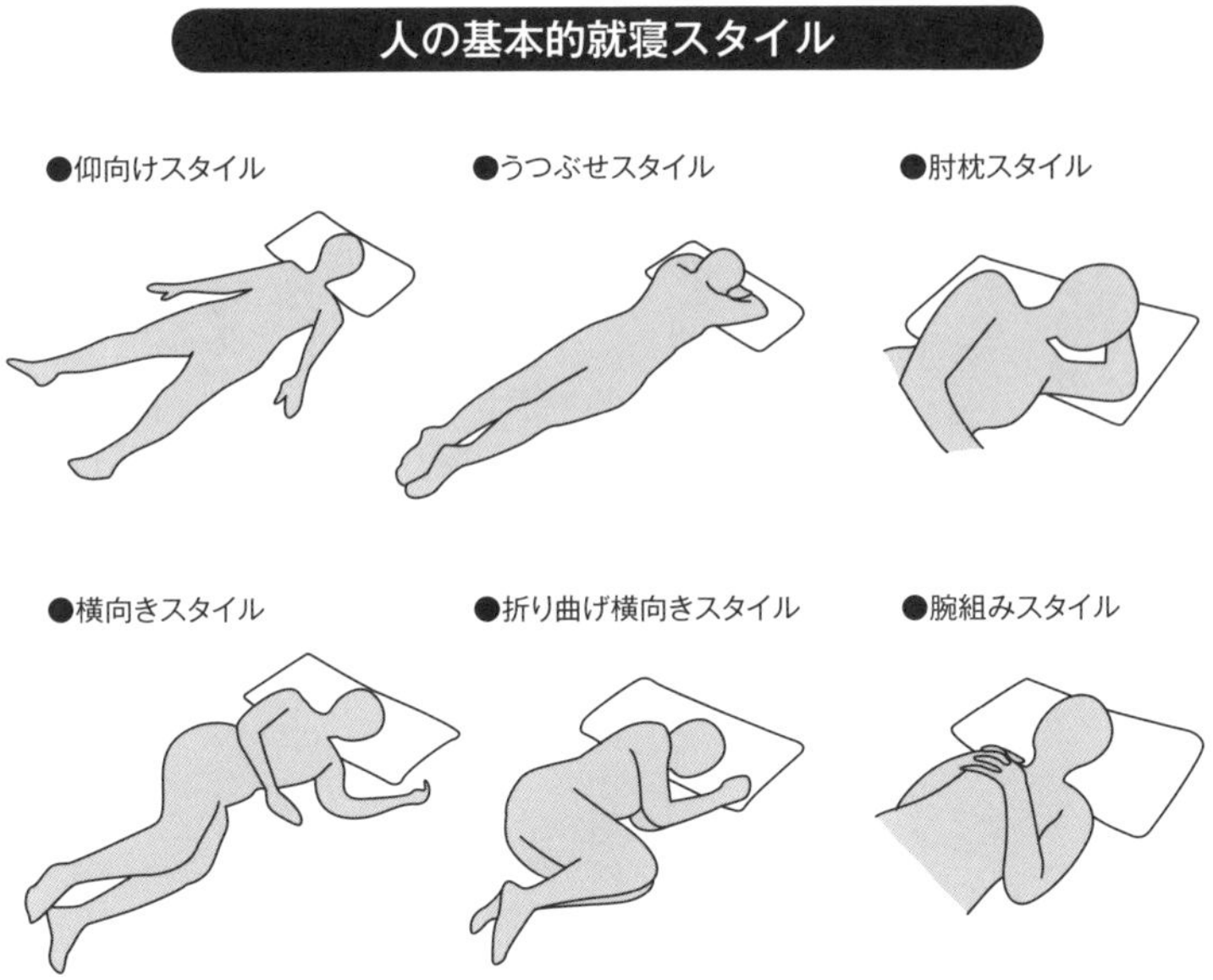

と、舌が気道を防ぎやすくなるため、横向きスタイルでの寝方が最適といえます。

❸ うつぶせスタイル

このスタイルの寝方は、気道を確保できることや、安心感を得られるということで、寝方として多く用いられています。特に、睡眠時無呼吸症候群に疾患している方に多くいます。ただし、胸に強い圧迫を受けることや、医学的には骨格のゆがみや、顎関節症をきたす恐れがあるともいわれています。また、赤ちゃんのうつぶせ寝は「乳幼児突然死症候群」もあり、避けた方がよいでしょう。

❹ 折り曲げ横向きスタイル

手や足を折り曲げた横向きの寝方では、身体の重みを受けることになり、血管を圧迫しかねません。時には血流を阻害して、しびれをきたします。また、寝返りも多くなる傾向があり、熟睡の妨げになり、浅い睡眠とともにすっきりした目覚めにも影響してしまいます。時には寝返りにより目が覚めてしまうこともあるため、お薦めできない寝方といえましょう。

❺ 肘枕スタイル

肘枕スタイルは、頭の重みが腕を圧迫し、時間とともに手や腕にしびれをきたします。また、うたた寝的になってしまい、浅い眠りになるでしょう。

❻ 腕組みスタイル

手を胸の上にのせて寝る方も多いのではないでしょうか。特に女性に多いようです。時間が経つに従い、胸が圧迫されてしまいます。睡眠の専門家からは、呼吸がしづらくなって、自律神経系の交感神経を刺激して、レム睡眠（浅い眠り）が多くなってしまうといいます。また、胸の圧迫から怖い夢を見ることもあるとされます。お薦めできない寝姿といえるでしょう。

このように、寝姿や寝相にはさまざまな寝方があります。なかには推奨できる寝姿もあれば、そうでない寝姿もありますが、これらから、自分の寝姿のチェックの参考にしてください。

自分の寝やすい
寝姿はどんな形
なのかチェックして
考えてみよう！

48 熟睡感を得るためには目覚めが大事である

人には、意識があるとか、意識がないとかの表現がよく使われますが、意識の定義はかなりあいまいなものです。しかし意識レベルという場合では、覚醒と睡眠という生理現象に、明確に異なる２つのレベルを区別することができます。すなわち、覚醒期には意識レベルは高く、睡眠期は意識レベルが低下しているといえます。意識レベルの高低を覚醒と睡眠で表現することができるということです。

睡眠から覚醒することは目覚めといいますが、この目覚め方によって、熟睡感を得られるかどうかの違いが出てきます。すっきりとした覚醒をするかどうかということでもあります。

もし、突然強い光をあてられて覚醒した時には、光を避けようとしてしまいます。快適に目覚めるためには、朝、寝室の明るさが徐々に増していくことが大事です。

覚醒では、副腎皮質から糖質ステロイドホルモンのコルチゾールが分泌されますが、徐々に明るさを増していくことで、この分泌が促進がされます。コルチゾールは、ブドウ糖やタンパク質の代謝を強くし、体内ではいつも一定の時間に分泌されます。コルチゾールの分泌がピークの時に覚醒することで、快適な目覚めになるのです。

それは、代謝によって、低下していた意識レベルが少しずつ高まっていくことで、日中の仕事や生活への対応力を増大するといえましょう。

快適な朝の目覚めには、光が重要

これまで述べてきたことから、快適な目覚め環境を作り出すことが肝要といえますが、寝室のカーテンや照明などで光環境を変更することは容易でありません。

現在、快適に目覚めることができるという「光目覚まし時計」が市場に出てきています。起きたい時間に合わせて、時計に仕込まれた照明が少しずつ明るさを増していき、起床時間を音で知らせるという目覚まし時計です。このような目覚まし時計を利用することで、コルチゾールの分泌量を増すこともよいのではないでしょうか。

一口メモ

快適に目覚めるためには明るさが徐々に増していくことが大事。

49 寝る前の飲食は避けましょう

寝る前の飲食は、睡眠の質を下げるといわれています。例えば、お腹が空いているとどうしても眠れないとか、お腹がいっぱいの方が良く眠れると思い込んでいる方が見受けられます。

確かに、食事をして満腹になると、先に圧覚・触覚で触れたように、皮下組織の中に埋め込まれて圧覚や振動覚を検知するバッチー二層板小体が脳に満腹であることを伝えます。それによって満足感を得られ、満腹中枢の自律神経の副交感神経が優位となって眠くなります。

しかし、胃に食べ物が残っていると消化器官が機能することで、睡眠中のリズムを乱す可能性があるのです。それは、消化という働きが交感神経と副交感神経の拮抗性支配のバランスを崩すことを意味します。つまり、熟睡できないという結果をもたらすのです。

食事は睡眠の3時間前には控えた方が賢明といえます。

就寝前に、「気分良く寝られる」からと、飲酒をする方も多いのではないでしょうか。飲酒も睡眠の質を下げるといえます。アルコールは利尿作用があり、睡眠途中でトイレに行くために覚醒することで、睡眠リズムが崩れます。

また、アルコールが筋肉を弛緩させることで、舌が垂れ落ちて気道を塞ぎ、睡眠障害となる睡眠時無呼吸症候群を発症することもあるからです。

睡眠前の飲食

睡眠時無呼吸症候群は、意外にあなどれない睡眠障害です。睡眠時に呼吸停止や低呼吸になる疾患ですが、この他、車の運転中に強い眠気を発生して運転操作を誤って事故を起こすという疾患でもあります。また、就寝中に意識覚醒の短い反復や、それに伴う脳の不眠が起こることもあります。特に、この睡眠障害は大きないびきをかくのが特徴です。

このようなことを避けるためにも、睡眠前の飲酒は、量にもよりますが、アルコール成分が分解されるという睡眠の４時間前までに切り上げることが大事です。

一口メモ

胃に食べ物が残っていると、睡眠中のリズムを乱す可能性がある。

50 寝つきを良くするためには、スマホを遠ざけたい

寝る前に、ベッドや布団でスマホを使ったり、通信アプリをチェックするなどして、朝は目覚まし替わりにスマホのアラームで目覚めるという現代人が多くなっています。

実は、スマホやパソコンは、睡眠にとって二重の影響をもたらすものといえるのです。

一つは、電磁波による快眠に欠かせないメラトニンという神経情報伝達物質への影響と、もう一つは、スマホなどが発するブルーライトの可視光線です。

電磁波は不眠をもたらすという報告があります。人の脳は夕刻から自然にその温度を下降させてメラトニンホルモンの産生をするのですが、就寝前にスマホなどの使用により電磁波の発生量が極めて微量であっても脳温度が上昇し、メラトニンの分泌量を抑制するというものです。

この実験では脳温度の確認のために、外部温度に影響を受けにくい鼓膜温度により確かめられています。

この他に、電気敷き布団などから発生する電磁波が、睡眠中の免疫グロブリンAを有意に減少するという報告もあります。免疫グロブリンAは、人の気道や消化管の粘膜や血液中に多くあり、局所的免疫としての働きを持ち、細菌やウイルス感染の予防に役立っている抗原体です。そのため、免疫グロブリンAの減少を防ぐためには、睡眠前に電気敷き布団

電磁波は睡眠に影響を与える？

枕元などに電磁波を発する携帯電話やテレビ・ラジオは置かない方がよい。

などのスイッチを入れて暖めておき、睡眠時にはスイッチを切って就寝する方が良いかも知れません。

また、スマホの可視光線は液晶画面が小さいことから、強い光が発せられています。この強い光には、覚醒作用あるといわれており、寝つきが悪くなるというものです。

これらを避けるためには、少なくとも1時間前には、電磁波を発するIT機器や、強い光を放つスマホなどの使用を止めることがよいでしょう。

一口メモ

スマホが出す電磁波はもしかしたら不眠をもたらす可能性がある。

【参考資料】

●驚異の時間活用術／糸川英夫・PHP文庫　１９８５年
●眠りと夢／J.A.Hobson・東京化学同人　１９９１年
●脳波と夢／石山陽事・新コロナシリーズ　１９９４年
●脳と体温／彼末一之他・共立出版　２０００年
●睡眠時無呼吸症候群スクリーニングハンドブック／谷川武・厚生科学研究所　２００４年
●うつぶせ寝健康法／丸川征四郎 他・KKベストセラーズ　２００６年
●快適睡眠のすすめ／堀　忠雄・岩波書店　２００６年
●トコトンやさしい血液の本／毛利　博・日刊工業新聞社　２００６年
●脳の中身が見えてきた／利根川進他・岩波書店　２００８年
●脳内メラトニン・トレーニング／有田秀穂・かんき出版　２００８年
●寝るのが怖いがなくなる本／梶村尚史・ワニブックス　２０１０年
●脳に効く「睡眠学」／宮崎総一郎　角川SSC新書　２０１０年
●女の老い・男の老い／田中冨久子・NHKブックス　２０１１年
●記憶をコントロールする／井ノ口馨・岩波書店　２０１３年

●著者略歴

久保田博南（くぼた　ひろなみ）

1940年、群馬県太田市生まれ。群馬大学工学部電気工学科卒。日本光電工業（株）、コントロンインスツルメンツ(株)を経て、現在、ケイ・アンド・ケイジャパン（株）代表取締役。医工連携推進機構理事、ISO委員、サイエンスライター。この間、生体情報モニタなどの医療機器開発とコンサルティンングに従事。著書には『いのちを救う先端技術』(PHP新書)、『磁力の科学』(日刊工業新聞社)などのほか、専門書として『医療機器』（真興貿易医書出版部)、『生体情報モニタ50年』（薬事日報社）などがある。

五日市哲雄（いつかいち　てつお）

1947年、北海道函館市生まれ。北海道立函館工業高校卒、専修大学法学部卒。大学卒業後文科省関係、化学メーカーに勤務後、広告業界でディレクター、大手総合出版社の編集者。医学雑誌の編集長を経て、現在、科学系を中心に医学、理学・工学系分野のサイエンスライターとして執筆活動中。医学系では10冊に近い著書を持つ。理学系の著書『おもしろサイエンス　磁力の科学』共著（日刊工業新聞社）

NDC 498.36

おもしろサイエンス**枕と寝具の科学**

2017年3月30日　初版1刷発行　　定価はカバーに表示してあります。

©著　者	久保田博南、五日市哲雄	
発行者	井水　治博	
発行所	日刊工業新聞社	〒103-8548 東京都中央区日本橋小網町14番1号
	書籍編集部	電話 03-5644-7490
	販売・管理部	電話 03-5644-7410　FAX 03-5644-7400
	URL	http://pub.nikkan.co.jp/
	e-mail	info@media.nikkan.co.jp

印刷・製本　ティーケー出版印刷

2017 Printed in Japan　落丁・乱丁本はお取り替えいたします。

ISBN　978-4-526-07694-7